Indisch kochen wie ein Profi

Über 100 traditionelle und moderne Rezepte

Aarti Patel

Zusammenfassung

Knoblauch Raita 20
    Zutaten 20
    Methode 20
Raita aus gemischtem Gemüse 21
    Zutaten 21
    Methode 21
Bondi Raita 22
    Zutaten 22
    Methode 22
Blumenkohl-Raita 23
    Zutaten 23
    Methode 24
Kohl Raita 25
    Zutaten 25
    Methode 25
Rote-Bete-Raita 26
    Zutaten 26
    Methode 26
Gekeimte Hülsenfrüchte Raita 27
    Zutaten 27
    Methode 27
Pasta Pudina Raita 28
    Zutaten 28

- Methode 28
- Minze Raita 29
  - Zutaten 29
  - Methode 29
- Auberginen-Raita 30
  - Zutaten 30
  - Methode 30
- Safran Raita 31
  - Zutaten 31
  - Methode 31
- Yam Raita 32
  - Zutaten 32
  - Methode 33
- Okra Raita 34
  - Zutaten 34
  - Methode 34
- Knuspriger Spinatkuchen 35
  - Zutaten 35
  - Methode 35
- Raw Dosa 37
  - Zutaten 37
  - Methode 37
- Doodhi-Kotelett 39
  - Zutaten 39
  - Für die Béchamel: 39
  - Methode 39
- Patra 41

Zutaten	41
Für den Teig:	41
Methode	42
Nargisi-Hähnchen-Kebab	43
Zutaten	43
Methode	44
Sev Puris mit herzhaftem Belag	45
Zutaten	45
Methode	46
Spezielle Rolle	47
Zutaten	47
Methode	48
Gebratene Colocasia	49
Zutaten	49
Methode	50
Gemischte Dhal Dosa	51
Zutaten	51
Methode	51
Makkai-Kuchen	52
Zutaten	52
Methode	53
Kebab Hara Bhara	54
Zutaten	54
Methode	54
Pakoda-Fisch	56
Zutaten	56
Methode	57

- Shami-Kebabs ... 58
  - Zutaten ... 58
  - Methode ... 59
- Einfaches Dhokla ... 60
  - Zutaten ... 60
  - Methode ... 61
- Adai ... 62
  - Zutaten ... 62
  - Methode ... 63
- Zweistöckiges Dhokla ... 64
  - Zutaten ... 64
  - Methode ... 65
- Ulundu Vada ... 66
  - Zutaten ... 66
  - Methode ... 66
- Bhakar Wadi ... 67
  - Zutaten ... 67
  - Methode ... 67
- Mangaloreanischer Chaat ... 69
  - Zutaten ... 69
  - Methode ... 70
- Pani Puri ... 71
  - Zutaten ... 71
  - Für die Füllung: ... 71
  - Für das Brötchen: ... 71
  - Methode ... 72
- Gefüllter Eierspinat ... 73

Zutaten	73
Methode	74
Sad Dosa	75
Zutaten	75
Methode	75
Kartoffel-Samosas	77
Zutaten	77
Methode	78
Warme Kachori	80
Zutaten	80
Methode	80
Khandvi	83
Zutaten	83
Methode	84
Quadrate von Mekka	85
Zutaten	85
Methode	86
Dhal Pakwan	87
Zutaten	87
Für den Pawan:	87
Methode	88
würzig	89
Zutaten	89
Methode	89
Gefüllte vegetarische Mezzaluna	91
Zutaten	91
Für die Füllung:	91

- Methode 92
- Kachori Usal 93
  - Zutaten 93
  - Für die Füllung: 93
  - Für die Soße: 94
  - Methode 94
- Dhal Dhokli 96
  - Zutaten 96
  - Für den Dal: 96
  - Methode 97
- Misal 98
  - Zutaten 98
  - Für die Gewürzmischung: 99
  - Methode 100
- Pandora 101
  - Zutaten 101
  - Methode 101
- Gemüse-Adai 103
  - Zutaten 103
  - Methode 104
- Würzige Maiskolben 105
  - Zutaten 105
  - Methode 105
- Gemischtes Gemüsehack 106
  - Zutaten 106
  - Methode 107
- Idli Upma 108

Zutaten 108

Methode 109

Dhal Bhajiya 110

   Zutaten 110

   Methode 110

Masala Papa 111

   Zutaten 111

   Methode 111

Gemüsesandwich 112

   Zutaten 112

   Methode 112

Gekeimte grüne Bohnenbrötchen 113

   Zutaten 113

   Methode 114

Chutney-Sandwich 115

   Zutaten 115

   Methode 115

Chatpata Gobhi 116

   Zutaten 116

   Methode 116

Sabudana Vada 117

   Zutaten 117

   Methode 117

Upma-Brot 118

   Zutaten 118

   Methode 119

Würziger Khaja 120

Zutaten 120

Methode 121

Knusprige Kartoffel 122

Zutaten 122

Methode 123

Dhal Vada 124

Zutaten 124

Methode 125

Gebratene Garnelen im Teig 126

Zutaten 126

Methode 127

Makrele in Tomatensauce 128

Zutaten 128

Methode 129

Konju Ullaruathu 130

Zutaten 130

Methode 131

Chemeen Manga Curry 132

Zutaten 132

Methode 133

Einfache Machchi-Fritte 134

Zutaten 134

Methode 134

Machher Kalia 135

Zutaten 135

Methode 136

Gebratener Fisch im Ei 137

Zutaten 137

Methode 137

Lau Chingri 138

Zutaten 138

Methode 139

Tomatenfisch 140

Zutaten 140

Methode 141

Chingri Machher Kalia 142

Zutaten 142

Methode 142

Fisch Kebab Tikka 143

Zutaten 143

Methode 143

Fleischbällchen aus Gemüse 144

Zutaten 144

Methode 144

Bhel keimte Bohnen 146

Zutaten 146

Für die Garnitur: 146

Methode 147

Aloo Kachori 148

Zutaten 148

Methode 148

Dosa-Diät 150

Zutaten 150

Methode 150

Nutri-Rolle 152
   Zutaten 152
   Methode 153
Sabudana Palak Doodhi Uttapam 154
   Zutaten 154
   Methode 155
Poha 156
   Zutaten 156
   Methode 157
Gemüseschnitzel 158
   Zutaten 158
   Methode 159
Sojabohnen-Uppit 160
   Zutaten 160
   Methode 161
Upma 162
   Zutaten 162
   Methode 163
Fadennudeln Upma 164
   Zutaten 164
   Methode 165
Bonda 166
   Zutaten 166
   Methode 167
Instant-Dhokla 168
   Zutaten 168
   Methode 169

Dhal Maharani	170
Zutaten	170
Methode	171
Milagu Kuzhambu	172
Zutaten	172
Methode	173
Dhal Hariyali	174
Zutaten	174
Methode	175
Dhalcha	176
Zutaten	176
Methode	177
Tarkari Dhalcha	178
Zutaten	178
Methode	179
Dhokar Dhalna	180
Zutaten	180
Methode	180
Waran	182
Zutaten	182
Methode	182
Süßes Dal	183
Zutaten	183
Methode	184
Süß-saurer Dhal	185
Zutaten	185
Methode	186

Mung-ni-Dhal 187
    Zutaten 187
    Methode 188
Dhal mit Zwiebel und Kokosnuss 189
    Zutaten 189
    Methode 190
Dahi Kadi 191
    Zutaten 191
    Methode 192
Spinat-Dhal 193
    Zutaten 193
    Methode 194
Nehmer Dhal 195
    Zutaten 195
    Methode 196
Einfaches Dhal 197
    Zutaten 197
    Methode 198
Maa-ki-Dhal 199
    Zutaten 199
    Methode 200
Dhansak 201
    Zutaten 201
    Für die Dhal-Mischung: 201
    Methode 202
Masur Dhal 203
    Zutaten 203

Methode	203
Panchemel Dhal	204
Zutaten	204
Methode	205
Cholar Dhal	206
Zutaten	206
Methode	207
Dilpa und Dal	208
Zutaten	208
Methode	209
Dhal Masur	210
Zutaten	210
Methode	211
Dhal mit Auberginen	212
Zutaten	212
Methode	213
Dhal Tadka gelb	214
Zutaten	214
Methode	214
Rasam	215
Zutaten	215
Für die Gewürzmischung:	215
Methode	216
Einfaches Mung Dhal	217
Zutaten	217
Methode	217

Einführung

Indisches Essen ist sehr unterschiedlich. Ob Fleisch, Fisch oder Vegetarisch – Sie finden für jeden Geschmack und Ihre Laune ein passendes Rezept. Während Curry unweigerlich mit Indien in Verbindung gebracht wird, wird dieser Begriff einfach für Fleisch oder Gemüse verwendet, das in einer würzigen Sauce gekocht wird und normalerweise mit Reis oder indischem Brot gegessen wird. Wie diese Sammlung von tausend indischen Rezepten Ihnen zeigen wird, ist indisches Essen nicht auf bekannte Restaurantfavoriten beschränkt.

Essen wird in Indien sehr ernst genommen und Kochen gilt als Kunst. Jeder indische Staat hat seine eigenen Traditionen, Kultur, Lebensstil und Essen. Sogar einzelne Familien können ihre eigenen Geheimrezepte für die Pulver und Pasten haben, die das Rückgrat des Gerichts bilden. Was jedoch alle indischen Gerichte gemeinsam haben, ist die feine Alchemie der Gewürze, die ihnen ihren unverwechselbaren Geschmack verleihen.

Die Rezepte in dem Buch sind authentisch, wie Sie sie vielleicht in einem indischen Haushalt finden, aber sie sind einfach. Wenn Sie also zum ersten Mal indisches Essen kochen, gehen Sie es ruhig an. Alles, was Sie tun müssen, ist, die Seiten umzublättern, auszuwählen, was Ihnen gefällt, und ein köstliches Essen auf indische Art zuzubereiten!

Knoblauch Raita

Serviert 4

Zutaten

2 grüne Chilis

5 Knoblauchzehen

450 g Joghurt, geschlagen

Nach Geschmack salzen

Methode

- Die Chilis trocken rösten, bis sie hellbraun sind. Mahlen Sie sie mit Knoblauch.
- Mit den anderen Zutaten mischen. Kalt servieren.

Raita aus gemischtem Gemüse

Serviert 4

Zutaten

1 große Kartoffel, gewürfelt und gekocht

25 g grüne Bohnen, fein gewürfelt und gekocht

25 g Karotten, fein gewürfelt und gekocht

50 g gekochte Erbsen

450 g Joghurt

½ Teelöffel gemahlener schwarzer Pfeffer

1 EL Korianderblätter, fein gehackt

Nach Geschmack salzen

Methode

- Alle Zutaten in einer Schüssel gut vermischen. Kalt servieren.

Bondi Raita

Serviert 4

Zutaten

115 g gesalzene Boondi*

450 g Joghurt

½ Teelöffel Zucker

½ Teelöffel Chaat Masala*

Methode

- Alle Zutaten in einer Schüssel gut vermischen. Kalt servieren.

Blumenkohl-Raita

Serviert 4

Zutaten

250 g Blumenkohl, in Röschen geschnitten oder geraspelt

Nach Geschmack salzen

½ Teelöffel gemahlener schwarzer Pfeffer

½ Teelöffel Chilipulver

½ Teelöffel gemahlener Senf

450 g Joghurt

1 Teelöffel geklärte Butter

½ Teelöffel Senfkörner

Chaat Masala*schmecken

Methode

- Blumenkohl mit der Salz-Dampf-Mischung schwenken.
- Pfeffer, Chilipulver, Senf, Salz und Joghurt in einer Schüssel verquirlen.
- Die Blumenkohlmischung zur Joghurtmischung geben und beiseite stellen.
- Ghee in einem kleinen Topf erhitzen. Wenn es zu rauchen beginnt, fügen Sie die Senfkörner hinzu. Lassen Sie sie 15 Sekunden lang abtropfen.
- Fügen Sie dies mit dem Chaat Masala der Joghurtmischung hinzu. Kalt servieren.

Kohl Raita

Serviert 4

Zutaten

100 g Kohl, gerieben

Nach Geschmack salzen

1 EL Korianderblätter, fein gehackt

2 Esslöffel geriebene Kokosnuss

450 g Joghurt

1 Teelöffel Öl

½ Teelöffel Senfkörner

3-4 Curryblätter

Methode

- Den Kohl mit Salz dünsten. Abkühlen lassen.
- Korianderblätter, Kokosnuss und Joghurt hinzufügen. Gut mischen. Regal.
- Das Öl in einem kleinen Topf erhitzen. Senfkörner und Curryblätter dazugeben. Lassen Sie sie 15 Sekunden lang abtropfen.
- Gießen Sie dies in die Joghurtmischung. Kalt servieren.

Rote-Bete-Raita

Serviert 4

Zutaten

1 große Rote Bete, gekocht und gerieben

450 g Joghurt

½ Teelöffel Zucker

Nach Geschmack salzen

1 Teelöffel geklärte Butter

½ Teelöffel Kreuzkümmel

1 grüne Chili, längs aufgeschnitten

1 EL Korianderblätter, fein gehackt

Methode

- In einer Schüssel Rüben, Joghurt, Zucker und Salz mischen.
- Ghee in einem Topf erhitzen. Fügen Sie die Kreuzkümmelsamen und die grüne Chilischote hinzu. Lassen Sie sie 15 Sekunden lang abtropfen. Fügen Sie dies der Rote-Bete-Joghurt-Mischung hinzu.
- In eine Servierschüssel geben und mit den Korianderblättern garnieren.
- Kalt servieren.

Gekeimte Hülsenfrüchte Raita

Serviert 4

Zutaten

75 g Sojasprossen

75 g/2½ oz gekeimtes Kaala Chana*

75 g gekeimte Kichererbsen

1 Gurke, fein gehackt

10 g Korianderblätter, fein gehackt

2 Teelöffel Chaat Masala*

½ Teelöffel Zucker

450 g Joghurt

Methode

- Sojasprossen 5 Minuten dämpfen. Regal.
- Kochen Sie die Kaala Chana und die Kichererbsen zusammen mit etwas Wasser bei mittlerer Hitze in einem Topf für 30 Minuten. Regal.
- Sojasprossen mit allen anderen Zutaten mischen. Gut mischen. Kaala Chana und Kichererbsen abgießen und hinzufügen.
- Kalt servieren.

Pasta Pudina Raita

Serviert 4

Zutaten

200 g Nudeln, gekocht

1 große Gurke, fein gehackt

450 g Joghurt, geschlagen

2 Teelöffel fertiger Senf

50 g Minzblätter, fein gehackt

Nach Geschmack salzen

Methode

- Alle Zutaten miteinander vermischen. Kalt servieren.

Minze Raita

Serviert 4

Zutaten

50 g Minzblätter

25 g Korianderblätter

1 grüne Paprika

2 Knoblauchzehen

450 g Joghurt

1 Teelöffel Chaat Masala*

1 Teelöffel Kristallzucker

Nach Geschmack salzen

Methode

- Mahlen Sie die Minzblätter, Korianderblätter, grüne Chili und Knoblauch zusammen.
- Mit den anderen Zutaten in einer Schüssel vermischen.
- Kalt servieren.

Auberginen-Raita

Serviert 4

Zutaten

1 große Aubergine

450 g Joghurt

1 große Zwiebel, fein gerieben

2 grüne Chilischoten, fein gehackt

10 g Korianderblätter, fein gehackt

Nach Geschmack salzen

Methode

- Die Aubergine rundherum mit einer Gabel einstechen. Im Ofen bei 180 °C (350 °F, Gasherd Stufe 4) unter gelegentlichem Wenden braten, bis die Haut verkohlt ist.
- Die Auberginen zum Abkühlen in einer Schüssel mit Wasser einweichen. Das Wasser abgießen und die Schale von den Auberginen entfernen.
- Die Aubergine pürieren, bis sie glatt ist. Mit allen anderen Zutaten mischen.
- Kalt servieren.

Safran Raita

Serviert 4

Zutaten

350 g Joghurt

1 Teelöffel Safran, eingeweicht in 2 Esslöffel Milch für 30 Minuten

25 g 1 oz Rosinen, 2 Stunden in Wasser eingeweicht

75 g geröstete Mandeln und Pistazien, fein gehackt

1 Esslöffel Kristallzucker

Methode

- In einer Schüssel den Joghurt mit dem Safran schlagen.
- Alle anderen Zutaten hinzufügen. Gut mischen.
- Kalt servieren.

Yam Raita

Serviert 4

Zutaten

250 g Süßkartoffeln*

Nach Geschmack salzen

¼ Teelöffel Chilipulver

¼ Teelöffel gemahlener schwarzer Pfeffer

350 g Joghurt

1 Teelöffel geklärte Butter

½ Teelöffel Kreuzkümmel

2 grüne Chilis, längs aufgeschnitten

1 EL Korianderblätter, fein gehackt

Methode

- Kartoffeln schälen und reiben. Fügen Sie ein wenig Salz hinzu und dämpfen Sie die Mischung, bis sie weich ist. Regal.
- In einer Schüssel das Salz, das Chilipulver und den gemahlenen Pfeffer mit dem Joghurt vermischen.
- Yamswurzel zur Joghurtmischung hinzufügen. Regal.
- Ghee in einem kleinen Topf erhitzen. Kümmelsamen und grüne Chilis dazugeben. Lassen Sie sie 15 Sekunden lang abtropfen.
- Fügen Sie dies der Joghurtmischung hinzu. Vorsichtig mischen.
- Mit den Korianderblättern garnieren. Kalt servieren.

Okra Raita

Serviert 4

Zutaten

250 g Okraschoten, fein gehackt

Nach Geschmack salzen

½ Teelöffel Chilipulver

½ Teelöffel Kurkuma

Raffiniertes Pflanzenöl zum Braten

350 g Joghurt

1 Teelöffel Chaat Masala*

Methode

- Reiben Sie die Okraschoten mit Salz, Chilipulver und Kurkuma ein.
- Das Öl in einem Topf erhitzen. Braten Sie die Okraschoten bei mittlerer Hitze für 3-4 Minuten an. Auf saugfähigem Papier abtropfen lassen. Regal.
- In einer Schüssel den Joghurt mit Chaat Masala und Salz verquirlen.
- Gebratene Okraschoten zur Joghurtmischung geben.
- Kalt oder bei Zimmertemperatur servieren.

Knuspriger Spinatkuchen

vor 12

Zutaten

1 Esslöffel raffiniertes Pflanzenöl plus extra zum Braten

1 große Zwiebel, fein gehackt

50 g Spinat, gekocht und fein gehackt

1 Teelöffel Knoblauchpaste

1 Teelöffel Ingwerpaste

Nach Geschmack salzen

300g/10oz Laib*, gehackt

2 Eier, geschlagen

2 Esslöffel Weißmehl

Nach Bedarf pfeffern

Nach Geschmack salzen

50 g Semmelbrösel

Methode

- Das Öl in einer Pfanne erhitzen. Die Zwiebel bei mittlerer Hitze glasig dünsten.
- Spinat, Knoblauchpaste, Ingwerpaste und Salz hinzugeben. 2-3 Minuten kochen.

- Vom Herd nehmen und den Speck hinzufügen. Gut mischen und in rechteckige Patties teilen. Mit Folie abdecken und 30 Minuten kühl stellen.
- Eier, Mehl, Pfeffer und Salz zu einem glatten Teig verrühren.
- Restliches Öl in einer Pfanne erhitzen. Jeden Hackbraten in den Teig tauchen, in Paniermehl wenden und goldbraun braten.
- Heiß mit trockenem Knoblauch-Chutney servieren

Raw Dosa

(Grieß Crèpe)

Macht 10-12

Zutaten

100 g Grieß

85 g weißes Mehl

Eine Prise Backpulver

250 g Joghurt

240 ml Wasser

Nach Geschmack salzen

Raffiniertes Pflanzenöl zum Einfetten

Methode

- Mischen Sie alle Zutaten, außer dem Öl, zusammen, um einen Teig mit Pfannkuchen-Mix-Konsistenz zu erhalten. 20-30 Minuten beiseite stellen.
- Eine flache Pfanne einfetten und erhitzen. 2 Esslöffel Teig hineingeben. Verteilen Sie es, indem Sie die Pfanne anheben und vorsichtig drehen.
- An den Rändern etwas Öl träufeln.
- 3 Minuten kochen. Wenden und kochen, bis sie knusprig sind.
- Für den restlichen Teig wiederholen.

- Heiß mit Kokos-Chutney servieren

Doodhi-Kotelett

(Flaschenkürbiskotelett)

macht 20

Zutaten

1 Esslöffel raffiniertes Pflanzenöl plus extra zum Braten

1 große Zwiebel, gehackt

4 grüne Chilischoten, fein gehackt

2,5 cm Ingwerwurzel, gerieben

1 große Flasche Kürbis*, geschält und gerieben

Nach Geschmack salzen

2 Eier, geschlagen

100 g Semmelbrösel

Für die Béchamel:

2 Esslöffel Margarine/Butter

4 Esslöffel Mehl

Nach Geschmack salzen

Nach Bedarf pfeffern

1 Esslöffel Sahne

Methode

- Für die weiße Sauce die Margarine/Butter in einem Topf erhitzen. Alle anderen Zutaten für die weiße Sauce dazugeben und bei mittlerer Hitze rühren, bis eine dickflüssige, cremige Sauce entsteht. Regal.
- Das Öl in einer Pfanne erhitzen. Zwiebel, grüne Chilischoten und Ingwer bei mittlerer Hitze 2-3 Minuten anbraten.
- Flaschenkürbis und Salz dazugeben. Gut mischen. Mit einem Deckel abdecken und 15-20 Minuten bei mittlerer Hitze garen.
- Decken Sie den Flaschenkürbis ab und zerdrücken Sie ihn gut. Die Béchamelsauce und die Hälfte der geschlagenen Eier hinzufügen. 20 Minuten ruhen lassen, um sich zu verfestigen und zu festigen.
- Die Mischung in Scheiben schneiden.
- Das Öl in einem Topf erhitzen. Jedes Schnitzel in das restliche verquirlte Ei tauchen, in Paniermehl wenden und goldbraun braten.
- Heiß mit süßem Tomaten-Chutney servieren

Patra

(Colocasia-Blattwindrad)

macht 20

Zutaten

10 Colocasia-Blätter*

2 Esslöffel raffiniertes Pflanzenöl

½ Teelöffel Senfkörner

1 Teelöffel Sesam

1 Teelöffel Kreuzkümmel

8 Curryblätter

2 Esslöffel Korianderblätter, fein gehackt

Für den Teig:

250 g Bohnen*

4 Esslöffel Jaggery*, gerieben

1 Teelöffel Tamarindenpaste

½ Teelöffel Ingwerpaste

½ Teelöffel Knoblauchpaste

1 Teelöffel Chilipulver

½ Teelöffel Kurkuma

Nach Geschmack salzen

Methode

- Alle Teigzutaten zu einem dickflüssigen Teig verrühren.
- Verteilen Sie eine Schicht Teig auf jedem Colocasia-Blatt, bis es vollständig bedeckt ist.
- 5 beschichtete Blätter übereinander legen.
- Falten Sie die Blätter 1 Zoll von jeder Ecke, um ein Quadrat zu bilden. Rollen Sie dieses Quadrat zu einem Zylinder.
- Wiederholen Sie dies für die anderen 5 Blätter.
- Die Brötchen etwa 20-25 Minuten dämpfen. Zum Abkühlen beiseite stellen.
- Schneiden Sie jede Rolle in eine Windradform. Regal.
- Das Öl in einem Topf erhitzen. Senf, Sesam, Kreuzkümmel und Curryblätter dazugeben. Lassen Sie sie 15 Sekunden lang abtropfen.
- Gießen Sie dies auf die Windräder.
- Mit den Korianderblättern garnieren. Heiß servieren.

Nargisi-Hähnchen-Kebab

(Hähnchen-Käse-Kebab)

Macht 20-25

Zutaten

500 g 2 Unzen Hühnchen, gehackt

150 g geriebener Cheddar-Käse

2 große Zwiebeln, fein gehackt

1 Teelöffel Ingwerpaste

1 Teelöffel Knoblauchpaste

1 Teelöffel gemahlener Kardamom

2 Teelöffel Garam Masala

1 Teelöffel gemahlener Koriander

½ Teelöffel Kurkuma

½ Teelöffel Chilipulver

Nach Geschmack salzen

15-20 Rosinen

Raffiniertes Pflanzenöl zum Braten

Methode

- Alle Zutaten, außer Rosinen und Öl, zu einem Teig kneten.
- Machen Sie kleine Knödel. In die Mitte jedes Knödels eine Rosine legen.
- Das Öl in einer Pfanne erhitzen. Knödel bei mittlerer Hitze goldbraun braten. Heiß mit Minz-Chutney servieren

Sev Puris mit herzhaftem Belag

Serviert 4

Zutaten

24 sev puris*

2 Kartoffeln, gewürfelt und gekocht

1 große Zwiebel, fein gehackt

¼ kleine unreife grüne Mango, fein gehackt

120 ml scharf-saures Chutney

4 Esslöffel Minz-Chutney

1 Teelöffel Chaat Masala*

Saft von 1 Zitrone

Nach Geschmack salzen

150g/5½ oz sev*

2 Esslöffel Korianderblätter, gehackt

Methode
- Puris auf einer Servierplatte anrichten.
- Kleine Portionen Kartoffel, Zwiebel und Mango auf jedem Puri anrichten.
- Streuen Sie das würzige Chutney und das Minz-Chutney auf jeden Puri.
- Chaat Masala, Zitronensaft und Salz darüberstreuen.
- Mit Sev und Korianderblättern garnieren. Sofort servieren.

Spezielle Rolle

vor 4

Zutaten

1 Teelöffel Hefe

Eine Prise Zucker

240 ml warmes Wasser

350 g weißes Mehl

½ Teelöffel Backpulver

2 Esslöffel Butter

1 große Zwiebel, fein gehackt

2 Tomaten, fein gehackt

30 g Minzblätter, fein gehackt

200 g Spinat, gekocht

300g/10oz Laib*, gewürfelt

Nach Geschmack salzen

Gemahlener schwarzer Pfeffer nach Geschmack

125 g Tomatenpüree

1 Ei, geschlagen

Methode

- Hefe und Zucker im Wasser auflösen.
- Mehl und Backpulver zusammen sieben. Mit Backpulver mischen und zu einem Teig kneten.
- Den Teig mit einem Nudelholz zu 2 Chapattis ausrollen. Regal.
- Die Hälfte der Butter in einem Topf erhitzen. Zwiebel, Tomaten, Minzblätter, Spinat, Paneer, Salz und schwarzen Pfeffer hinzufügen. Bei mittlerer Hitze 3 Minuten dünsten.
- Verteilen Sie dies auf 1 Chapatti. Das Tomatenpüree darüber gießen und mit den anderen Chapattis bedecken. Versiegeln Sie die Enden.
- Die Chapatis mit dem Ei und der restlichen Butter bestreichen.
- Bei 150ºC (300ºF, Gasherd Stufe 2) 10 Minuten backen. Heiß servieren.

Gebratene Colocasia

Serviert 4

Zutaten

500 g Colocasia*

2 Esslöffel gemahlener Koriander

1 Esslöffel gemahlener Kreuzkümmel

1 Esslöffel Amchor*

2 Teelöffel Besan*

Nach Geschmack salzen

Raffiniertes Pflanzenöl zum Braten

Chaat Masala*, schmecken

1 Esslöffel Korianderblätter, gehackt

½ Teelöffel Zitronensaft

Methode

- Kochen Sie die Colocasia in einem Topf für 15 Minuten bei schwacher Hitze. Abkühlen, schälen, längs aufschneiden und flach drücken. Regal.
- Gemahlenen Koriander, gemahlenen Kreuzkümmel, Amchoor, Besan und Salz mischen. Rollen Sie die Colocasia-Stücke in dieser Mischung. Regal.
- Das Öl in einem Topf erhitzen. Die Colocasia knusprig braten, dann abtropfen lassen.
- Mit den anderen Zutaten bestreuen. Heiß servieren.

Gemischte Dhal Dosa

(Gemischter Linsen Crêpe)

Macht 8-10

Zutaten

250 g Reis, 5-6 Stunden eingeweicht

100 g Mung-Dhal*, 5-6 Stunden einweichen

100 g Chanadhal*, 5-6 Stunden einweichen

100 g Urad Dhal*, 5-6 Stunden einweichen

2 Esslöffel Joghurt

½ Teelöffel Natron

2 Esslöffel raffiniertes Pflanzenöl plus extra zum Braten

Nach Geschmack salzen

Methode

- Reis und Dhal getrennt nass mahlen. Zusammen mischen. Fügen Sie Joghurt, Natron, Öl und Salz hinzu. Schlagen, bis die Mischung schaumig und klar ist. 3-4 Stunden beiseite stellen.
- Eine flache Pfanne einfetten und erhitzen. 2 Esslöffel Teig darüber gießen und wie einen Crêpe verteilen. An den Rändern etwas Öl träufeln. 2 Minuten kochen. Heiß servieren.

Makkai-Kuchen

(Maiskuchen)

Es ist 12-15

Zutaten

4 frische Maiskolben

2 Esslöffel Butter

750 ml Milch

½ Teelöffel Chilipulver

Nach Geschmack salzen

Gemahlener schwarzer Pfeffer nach Geschmack

25 g/1 oz leichte Korianderblätter, gehackt

50 g Semmelbrösel

Methode

- Die Maiskolben von den Kernen befreien und grob hacken.
- Die Butter in einem Topf erhitzen und den gemahlenen Mais 2-3 Minuten bei mittlerer Hitze anbraten. Die Milch hinzufügen und köcheln lassen, bis sie trocken ist.
- Fügen Sie das Chilipulver, das Salz, den schwarzen Pfeffer und die Korianderblätter hinzu.
- Die Semmelbrösel dazugeben und gut vermischen. Teilen Sie die Mischung in kleine Patties.
- Butter in einer Pfanne erhitzen. Braten Sie die Fleischbällchen, bis sie goldbraun sind. Heiß mit Ketchup servieren.

Kebab Hara Bhara

(Grüner Gemüsespieß)

Serviert 4

Zutaten

300 g Chanadhal*, über Nacht einweichen

2 grüne Kardamomkapseln

2,5 cm/1 Zoll Zimt

Nach Geschmack salzen

60ml Wasser

200 g Spinat, gedünstet und gemahlen

½ Teelöffel Garam Masala

¼ Teelöffel Muskatblüte, gerieben

Raffiniertes Pflanzenöl zum Braten

Methode

- Dhal abtropfen lassen. Kardamom, Nelken, Zimt, Salz und Wasser hinzufügen. In einem Topf bei mittlerer Hitze weich kochen. Zu einer Paste mahlen.
- Alle anderen Zutaten außer dem Öl hinzugeben. Gut mischen. Teilen Sie die Mischung in zitronengroße Bällchen und drücken Sie sie zu kleinen Patties flach.

- Das Öl in einer Pfanne erhitzen. Frikadellen bei mittlerer Hitze goldbraun braten. Heiß mit Minz-Chutney servieren

Pakoda-Fisch

(in Teig gebratener Fisch)

vor 12

Zutaten

300 g Fisch ohne Gräten, in 2,5 cm große Stücke geschnitten

Nach Geschmack salzen

2 Esslöffel Zitronensaft

3 Esslöffel Wasser

250 g Bohnen*

1 Teelöffel Knoblauchpaste

2 grüne Chilischoten, fein gehackt

1 Teelöffel Garam Masala

½ Teelöffel Kurkuma

Raffiniertes Pflanzenöl zum Braten

Methode

- Fisch mit Salz und Zitronensaft 20 Minuten marinieren.
- Mischen Sie die anderen Zutaten, außer dem Öl, bis Sie einen dicken Teig erhalten.
- Das Öl in einem Topf erhitzen. Tauchen Sie jedes Fischstück in den Teig und braten Sie es goldbraun. Auf saugfähigem Papier abtropfen lassen. Heiß servieren.

Shami-Kebabs

(Bengalisch geriebener Hackfleisch-Kebab)

macht 35

Zutaten

750 g 10 Unzen Hühnchen, gehackt

600 g Chana Dhal*

3 große Zwiebeln, gehackt

1 Teelöffel Ingwerpaste

1 Teelöffel Knoblauchpaste

2,5 cm/1 Zoll Zimt

4 Nelken

2 schwarze Kardamomkapseln

7 Pfefferkörner

1 Teelöffel gemahlener Kreuzkümmel

Nach Geschmack salzen

450ml Wasser

2 Eier, geschlagen

Raffiniertes Pflanzenöl zum Braten

Methode

- Alle Zutaten außer den Eiern und dem Öl verrühren. In einem Topf kochen, bis das gesamte Wasser verdampft ist. Zu einer dicken Paste zermahlen.
- Die Eier zu den Nudeln geben. Gut mischen. Teilen Sie die Mischung in 35 Patties.
- Das Öl in einer Pfanne erhitzen. Braten Sie die Fleischbällchen bei schwacher Hitze, bis sie goldbraun sind.
- Heiß mit Minz-Chutney servieren

Einfaches Dhokla

(Einfacher Dampfkuchen)

Es ist 18-20

Zutaten

250 g Reis

450 g Chanadhal*

60 g Joghurt

¼ Teelöffel Natron

6 grüne Chilis, gehackt

1 cm Ingwerwurzel, gerieben

¼ Teelöffel gemahlener Koriander

¼ Teelöffel gemahlener Kreuzkümmel

½ Teelöffel Kurkuma

Nach Geschmack salzen

½ geriebene Kokosnuss

150 g Korianderblätter, fein gehackt

1 Esslöffel raffiniertes Pflanzenöl

½ Teelöffel Senfkörner

Methode

- Reis und Dhal zusammen 6 Stunden einweichen. Grob mahlen.
- Fügen Sie den Joghurt und das Natron hinzu. Gut mischen. Den Teig 6-8 Stunden gären lassen.
- Grüne Chilischoten, Ingwer, gemahlenen Koriander, gemahlenen Kreuzkümmel, Kurkuma und Salz zum Teig geben. Gründlich mischen.
- In eine runde Kuchenform mit 20 cm Durchmesser füllen. Den Teig 10 Minuten dämpfen.
- Abkühlen und in quadratische Stücke schneiden. Mit Kokosraspeln und Korianderblättern bestreuen. Regal.
- Das Öl in einem Topf erhitzen. Die Senfkörner hinzufügen. Lassen Sie sie 15 Sekunden lang abtropfen.
- Gießen Sie es über die Dhoklas. Heiß servieren.

Adai

(Crêpe mit Reis und Linsen)

vor 12

Zutaten

   125 g Reis

   75 g Urad Dhal*

   75 g Chanadhal*

   75 g Masoor Dhal*

   75 g Mung Dhal*

   6 rote Chilis

   Nach Geschmack salzen

   240 ml Wasser

   Raffiniertes Pflanzenöl zum Einfetten

Methode

- Den Reis mit dem ganzen Dhal über Nacht einweichen.
- Lassen Sie die Mischung ab und fügen Sie die roten Chilis, Salz und Wasser hinzu. Grind bis glatt.
- Eine flache Pfanne einfetten und erhitzen. 3 Esslöffel Teig darauf verteilen. Zugedeckt bei mittlerer Hitze 2-3 Minuten garen. Wenden und auf der anderen Seite backen.
- Mit einem Spatel vorsichtig entfernen. Wiederholen Sie dies für den Rest des Teigs. Heiß servieren.

Zweistöckiges Dhokla

(Gedämpfter zweistöckiger Kuchen)

macht 20

Zutaten

500 g/1 Pfund 2 Unzen Reis

300 g Uradbohnen*

75 g Urad Dhal*

75 g Chanadhal*

75 g Masoor Dhal*

2 grüne Chilis

500 g 2 Unzen Joghurt

1 Teelöffel Chilipulver

½ Teelöffel Kurkuma

Nach Geschmack salzen

115 g Minz-Chutney

Methode

- Reis und Uradbohnen mischen. Über Nacht einweichen.
- Mischen Sie alle Dhal. Über Nacht einweichen.
- Die Reismischung und die Dhal-Mischung separat abtropfen lassen und mahlen. Regal.
- Mischen Sie die grünen Chilis, Joghurt, Chilipulver, Kurkuma und Salz. Die Hälfte dieser Mischung zur Reismischung geben und den Rest zur Dhal-Mischung geben. 6 Stunden ziehen lassen.
- Eine runde Kuchenform mit 20 cm Durchmesser einfetten. Gießen Sie die Reismischung hinein. Das Minz-Chutney über die Reismischung streuen. Über die Dhal-Mischung gießen.
- 7-8 Minuten dämpfen. Hacken und heiß servieren.

Ulundu Vada

(Gebratener Donut-Snack)

vor 12

Zutaten

600 g Urad Dhal*, über Nacht eingeweicht und abgetropft

4 grüne Chilischoten, fein gehackt

Nach Geschmack salzen

3 Esslöffel Wasser

Raffiniertes Pflanzenöl zum Braten

Methode

- Den Dhal mit den grünen Chilis, Salz und Wasser mahlen.
- Mit der Masse Donuts formen.
- Das Öl in einem Topf erhitzen. Die Vadas hinzugeben und bei mittlerer Hitze goldbraun braten.
- Auf saugfähigem Papier abtropfen lassen. Heiß mit Kokos-Chutney servieren

Bhakar Wadi

(Würziger Kichererbsenmehlstrudel)

Serviert 4

Zutaten

500 g/1 Pfund 2 Unzen Besan*

175 g Vollkornmehl

Nach Geschmack salzen

Eine Prise Asafoetida

120 ml heißes raffiniertes Pflanzenöl plus Extra zum Braten

100 g getrocknete Kokosnuss

1 Teelöffel Sesam

1 Teelöffel Mohn

Eine Prise Zucker

1 Teelöffel Chilipulver

25 g/1 oz spärliche Korianderblätter, fein gehackt

1 Esslöffel Tamarindenpaste

Methode

- Besan, Mehl, Salz, Asafoetida, heißes Öl und ausreichend Wasser zu einem festen Teig verkneten. Regal.

- Kokosnuss, Sesam und Mohn 3-5 Minuten trocken rösten. Zu Pulver zermahlen.
- Fügen Sie Zucker, Salz, Chilipulver, Korianderblätter und Tamarindenpaste zum Pulver hinzu und mischen Sie alles gut, um die Füllung vorzubereiten. Regal.
- Den Teig in zitronengroße Kugeln teilen. Jeweils zu einer dünnen Scheibe rollen.
- Verteilen Sie die Füllung über jede Scheibe, sodass die Füllung die gesamte Scheibe bedeckt. Jeweils zu einem engen Zylinder rollen. Die Ränder mit etwas Wasser versiegeln.
- Schneiden Sie die Zylinder in Scheiben, um Windradformen zu erhalten.
- Das Öl in einem Topf erhitzen. Windradbrötchen dazugeben und bei mittlerer Hitze knusprig braten.
- Auf saugfähigem Papier abtropfen lassen. Nach dem Abkühlen in einem luftdichten Behälter aufbewahren.

HINWEIS: Diese können zwei Wochen lang aufbewahrt werden.

Mangaloreanischer Chaat

Serviert 4

Zutaten

75 g Chanadhal*

240 ml Wasser

Nach Geschmack salzen

Eine große Prise Backpulver

2 große Kartoffeln, fein gehackt und gekocht

350 g frischer Joghurt

2 Esslöffel Kristallzucker

4 Esslöffel raffiniertes Pflanzenöl

1 Esslöffel getrocknete Bockshornkleeblätter

1 Teelöffel Ingwerpaste

1 Teelöffel Knoblauchpaste

2 grüne Chilis

1 Teelöffel gemahlener Kreuzkümmel, trocken geröstet

1 Teelöffel Garam Masala

1 Esslöffel Amchor*

1 Teelöffel Kurkuma

½ Teelöffel Chilipulver

150 g Kichererbsen aus der Dose

1 große Zwiebel, fein gehackt

2 Esslöffel Korianderblätter, fein gehackt

Methode

- Dhal mit Wasser, Salz und Natron in einem Topf bei mittlerer Hitze 30 Minuten kochen. Fügen Sie mehr Wasser hinzu, wenn das Dhal zu trocken erscheint. Die Kartoffeln mit der Dhal-Mischung mischen und beiseite stellen.
- Den Joghurt mit dem Zucker schaumig schlagen. Zum Abkühlen ins Gefrierfach stellen.
- Das Öl in einem Topf erhitzen. Die Bockshornkleeblätter dazugeben und bei mittlerer Hitze 3-4 Minuten sautieren.
- Ingwerpaste, Knoblauchpaste, grüne Chilischoten, gemahlenen Kreuzkümmel, Garam Masala, Amchoor, Kurkuma und Chilipulver hinzufügen. 2-3 Minuten unter ständigem Rühren braten.
- Kichererbsen hinzufügen. 5 Minuten unter ständigem Rühren anbraten. Fügen Sie die Dhal-Mischung hinzu und mischen Sie gut.
- Vom Herd nehmen und die Mischung auf einer Servierplatte verteilen.
- Über den süßen Joghurt gießen.
- Mit den Zwiebel- und Korianderblättern bestreuen. Sofort servieren.

Pani Puri

macht 30

Zutaten
Für das reine:

175 g weißes Mehl

100 g Grieß

Nach Geschmack salzen

Raffiniertes Pflanzenöl zum Braten

Für die Füllung:

50 g gekeimte Mungobohnen

150 g gekeimte Kichererbsen

Nach Geschmack salzen

2 große Kartoffeln, gekocht und püriert

Für das Brötchen:

2 Esslöffel Tamarindenpaste

100 g Korianderblätter, fein gehackt

1½ Teelöffel gemahlener Kreuzkümmel, trocken geröstet

2-4 grüne Chilischoten, fein gehackt

2,5 cm Ingwerwurzel

Grobes Salz nach Geschmack

240 ml Wasser

Methode

- Alle Puri-Zutaten, außer dem Öl, mit ausreichend Wasser zu einem festen Teig verrühren.
- Zu kleinen Pürees von 5 cm Durchmesser ausrollen.
- Das Öl in einer Pfanne erhitzen. Puri goldbraun braten. Regal.
- Für die Füllung die gekeimten Mungobohnen und Kichererbsen mit dem Salz blanchieren. Mit Kartoffeln mischen. Regal.
- Für die Pani alle Pani-Zutaten außer dem Wasser mahlen.
- Fügen Sie diese Mischung dem Wasser hinzu. Gut mischen und beiseite stellen.
- Zum Servieren in jeden Puri ein Loch stechen und mit der Füllung füllen. Gießen Sie jeweils 3 Esslöffel Brote hinein und servieren Sie sie sofort.

Gefüllter Eierspinat

Serviert 4

Zutaten

200 g Spinat

Eine Prise Backpulver

1 Esslöffel raffiniertes Pflanzenöl

1 Teelöffel Kreuzkümmel

6 Knoblauchzehen, zerdrückt

2 grüne Chilis, gehackt

Nach Geschmack salzen

8 hart gekochte Eier, längs halbiert

1 Esslöffel geklärte Butter

1 Zwiebel, fein gehackt

1 Zoll Ingwerwurzel, gehackt

Methode

- Mischen Sie den Spinat mit dem Natron. Dämpfen bis sie weich sind. Mahlen und beiseite stellen.
- Das Öl in einem Topf erhitzen. Wenn es zu rauchen beginnt, fügen Sie den Kreuzkümmel, den Knoblauch und die grünen Chilis hinzu. Einige Sekunden anbraten. Fügen Sie den gedämpften Spinat und das Salz hinzu.
- Mit einem Deckel abdecken und kochen, bis es austrocknet. Regal.
- Entfernen Sie das Eigelb von den Eiern. Eigelb zur Spinatmischung geben. Gut mischen.
- Die Ei-Spinat-Mischung löffelweise in das ausgehöhlte Eiweiß geben. Regal.
- Das Ghee in einer kleinen Pfanne erhitzen. Zwiebel und Ingwer goldbraun braten.
- Streuen Sie es auf die Eier. Heiß servieren.

Sad Dosa

(Gesalzener Reiskrepp)

vor 15

Zutaten

100 g gekochter Reis

75 g Urad Dhal*

½ Teelöffel Bockshornkleesamen

½ Teelöffel Natron

Nach Geschmack salzen

125 g Joghurt, aufgeschlagen

60 ml raffiniertes Pflanzenöl

Methode

- Reis und Dhal zusammen mit den Bockshornkleesamen 7-8 Stunden einweichen.
- Die Mischung abgießen und zu einer körnigen Paste mahlen.
- Fügen Sie das Backpulver und das Salz hinzu. Gut mischen.
- 8-10 Stunden fermentieren lassen.
- Fügen Sie Joghurt hinzu, um Teig zu machen. Dieser Teig sollte dick genug sein, um einen Löffel damit zu bedecken. Bei Bedarf etwas Wasser hinzufügen. Regal.

- Eine flache Pfanne einfetten und erhitzen. Einen Löffel Teig darauf verteilen, um einen dünnen Crêpe zu erhalten. 1 EL Öl darüber gießen. Knusprig kochen. Mit dem restlichen Teig wiederholen und heiß servieren.

Kartoffel-Samosas

(Kartoffelgrüße)

macht 20

Zutaten

175 g weißes Mehl

Prise Salz

5 Esslöffel raffiniertes Pflanzenöl plus extra zum Braten

100ml Wasser

1 cm Ingwerwurzel, gerieben

2 grüne Chilischoten, fein gehackt

2 Knoblauchzehen, fein gehackt

½ Teelöffel gemahlener Koriander

1 große Zwiebel, fein gehackt

2 große Kartoffeln, gekocht und püriert

1 EL Korianderblätter, fein gehackt

1 Esslöffel Zitronensaft

½ Teelöffel Kurkuma

1 Teelöffel Chilipulver

½ Teelöffel Garam Masala

Nach Geschmack salzen

Methode

- Mehl mit Salz, 2 EL Öl und Wasser mischen. Zu einem elastischen Teig kneten. Mit einem feuchten Tuch abdecken und 15-20 Minuten ruhen lassen.
- Den Teig nochmals durchkneten. Mit einem feuchten Tuch abdecken und beiseite stellen.
- Für die Füllung 3 EL Öl in einer Pfanne erhitzen. Fügen Sie den Ingwer, die grünen Chilis, den Knoblauch und den gemahlenen Koriander hinzu. Eine Minute bei mittlerer Hitze unter ständigem Rühren braten.
- Die Zwiebel hinzugeben und goldbraun braten.
- Kartoffeln, Korianderblätter, Zitronensaft, Kurkuma, Chilipulver, Garam Masala und Salz hinzufügen. Gründlich mischen.
- Bei schwacher Hitze 4 Minuten köcheln lassen, gelegentlich umrühren. Regal.
- Für die Samosas den Teig in 10 Kugeln teilen. Zu Scheiben von 12 cm Durchmesser ausrollen. Schneiden Sie jede Scheibe in 2 Halbmonde.
- Führen Sie einen nassen Finger entlang des Durchmessers eines Halbmonds. Bringen Sie die Enden zusammen, um einen Kegel zu bilden.
- Einen Esslöffel der Füllung in die Tüte geben und durch Zusammendrücken der Ränder verschließen. Wiederholen Sie dies für alle Halbmonde.
- Das Öl in einer Pfanne erhitzen. Braten Sie die Samosas, jeweils fünf auf einmal, bei schwacher Hitze, bis sie goldbraun sind. Auf saugfähigem Papier abtropfen lassen.

- Heiß mit Minz-Chutney servieren

Warme Kachori

(Gebratene Teigtaschen gefüllt mit Linsen)

vor 15

Zutaten

250 g weißes Mehl plus 1 EL zum Flicken

5 Esslöffel raffiniertes Pflanzenöl plus extra zum Braten

Nach Geschmack salzen

1,4 Liter Wasser plus 1 Esslöffel zum Flicken

300 g Mung-Dhal*, 30 Minuten einweichen

½ Teelöffel gemahlener Koriander

½ Teelöffel gemahlener Fenchel

½ Teelöffel Kreuzkümmel

½ Teelöffel Senfkörner

2-3 Prisen Asafoetida

1 Teelöffel Garam Masala

1 Teelöffel Chilipulver

Methode

- 250 g Mehl mit 3 EL Öl, Salz und 100 ml Wasser mischen. Kneten, bis ein weicher und formbarer Teig entsteht. 30 Minuten beiseite stellen.
- Für die Füllung das Dhal mit dem restlichen Wasser in einem Topf bei mittlerer Hitze 45 Minuten kochen. Abgießen und beiseite stellen.
- 2 EL Öl in einem Topf erhitzen. Wenn es zu rauchen beginnt, fügen Sie gemahlenen Koriander, Fenchel, Kreuzkümmel, Senfkörner, Asafoetida, Garam Masala, Chilipulver und Salz hinzu. Lassen Sie sie 30 Sekunden brutzeln.
- Fügen Sie das gekochte Dhal hinzu. Gut mischen und unter ständigem Rühren 2-3 Minuten braten.
- Kühlen Sie die Dhal-Mischung ab und teilen Sie sie in 15 zitronengroße Bällchen. Regal.
- Mischen Sie 1 Esslöffel Mehl mit 1 Esslöffel Wasser, um eine Flickpaste herzustellen. Regal.
- Den Teig in 15 Kugeln teilen. Zu Scheiben von 12 cm Durchmesser ausrollen.
- 1 Kugel Füllung in die Mitte einer Scheibe geben. Verschließe es wie eine Tüte.
- Drücken Sie es zwischen Ihren Handflächen leicht flach. Wiederholen Sie dies für die verbleibenden Festplatten.
- Das Öl in einem Topf erhitzen, bis es zu rauchen beginnt. Die Scheiben auf der Unterseite goldbraun braten. Umdrehen und wiederholen.
- Wenn ein Kachori beim Braten reißt, versiegle ihn mit der Flickpaste.
- Auf saugfähigem Papier abtropfen lassen. Heiß mit Minz-Chutney servieren

Khandvi

(Besan-Rolle)

Macht 10-15

Zutaten

60 g Bohnen*

60 g Joghurt

120ml Wasser

1 Teelöffel Kurkuma

Nach Geschmack salzen

5 Esslöffel raffiniertes Pflanzenöl

1 Esslöffel frische Kokosnuss, zerkleinert

1 EL Korianderblätter, fein gehackt

½ Teelöffel Senfkörner

2 Prisen Asafoetida

8 Curryblätter

2 grüne Chilischoten, fein gehackt

1 Teelöffel Sesam

Methode

- Besan, Joghurt, Wasser, Kurkuma und Salz mischen.
- 4 EL Öl in einer Pfanne erhitzen. Die Bohnenmischung hinzugeben und unter ständigem Rühren kochen, damit sich keine Klümpchen bilden.
- Kochen, bis die Mischung die Seiten der Pfanne verlässt. Regal.
- Fetten Sie zwei 15 × 35 cm Antihaftpfannen ein. Gießen Sie die Besan-Mischung hinein und glätten Sie sie mit einem Spachtel. 10 Minuten ruhen lassen.
- Die Masse in 5 cm breite Streifen schneiden. Jeden Streifen vorsichtig aufrollen.
- Die Rollen auf einem Servierteller anrichten. Die Oberfläche mit Kokosraspeln und Korianderblättern bestreuen. Regal.
- 1 EL Öl in einem kleinen Topf erhitzen. Senfkörner, Asafoetida, Curryblätter, grüne Chilischoten und Sesamkörner dazugeben. Lassen Sie sie 15 Sekunden lang abtropfen.
- Das gießen wir sofort über die Besanbrötchen. Heiß oder bei Zimmertemperatur servieren.

Quadrate von Mekka

(Maisquadrate)

vor 12

Zutaten

2 Teelöffel geklärte Butter

100 g Maiskörner, gemahlen

Nach Geschmack salzen

125 g gekochte Erbsen

3 Esslöffel raffiniertes Pflanzenöl

8 grüne Chilis, fein gehackt

½ Teelöffel Kreuzkümmel

½ Teelöffel Senfkörner

½ Teelöffel Knoblauchpaste

½ Esslöffel gemahlener Koriander

½ Esslöffel gemahlener Kreuzkümmel

175 g Maismehl

175 g Vollkornmehl

150ml Wasser

Methode

- Ghee in einem Topf erhitzen. Wenn es zu rauchen beginnt, den Mais 3 Minuten braten. Regal.
- Fügen Sie Salz zu gekochten Erbsen hinzu. Erbsen gut pürieren. Regal.
- 2 EL Öl in einer Pfanne erhitzen. Fügen Sie die grünen Chilis, Kreuzkümmel und Senfkörner hinzu. Lassen Sie sie 15 Sekunden lang abtropfen.
- Fügen Sie den gebratenen Mais, das Erbsenpüree, die Knoblauchpaste, den gemahlenen Koriander und den gemahlenen Kreuzkümmel hinzu. Gut mischen. Vom Herd nehmen und beiseite stellen.
- Beide Mehle mischen. Salz und 1 Esslöffel Öl hinzugeben. Das Wasser zugeben und weiterarbeiten, bis ein weicher Teig entsteht.
- Rollen Sie 24 quadratische Formen aus, die jeweils 10 x 10 cm groß sind.
- Legen Sie die Mais-Erbsen-Mischung in die Mitte eines Quadrats und bedecken Sie es mit einem anderen Quadrat. Drücken Sie vorsichtig auf die Kanten des Quadrats, um es zu versiegeln.
- Wiederholen Sie dies für die restlichen Quadrate.
- Eine Pfanne einfetten und erhitzen. Braten Sie die Quadrate in der Pfanne, bis sie goldbraun sind.
- Heiß mit Ketchup servieren.

Dhal Pakwan

(Knusperbrot mit Linsen)

Serviert 4

Zutaten

600 g Chana Dhal*

3 Esslöffel raffiniertes Pflanzenöl

1 Teelöffel Kreuzkümmel

750ml Wasser

Nach Geschmack salzen

½ Teelöffel Kurkuma

½ Teelöffel Amchor*

10 g Korianderblätter, fein gehackt

Für den Pawan:

250 g einfaches weißes Mehl

½ Teelöffel Kreuzkümmel

Nach Geschmack salzen

Raffiniertes Pflanzenöl zum Braten

Methode

- Weichen Sie das Chana Dhal 4 Stunden lang ein. Abgießen und beiseite stellen.
- Das Öl in einem Topf erhitzen. Fügen Sie die Kümmelsamen hinzu. Lassen Sie sie 15 Sekunden lang abtropfen.
- Fügen Sie das eingeweichte Dhal, Wasser, Salz und Kurkuma hinzu. 30 Minuten kochen.
- Auf einen Servierteller geben. Mit Amchoor und Korianderblättern bestreuen. Regal.
- Alle Pawan-Zutaten, außer dem Öl, mit so viel Wasser verrühren, dass ein fester Teig entsteht.
- In walnussgroße Kugeln teilen. Dicke Scheiben mit 10 cm Durchmesser ausrollen. Alles mit einer Gabel einstechen.
- Das Öl in einer Pfanne erhitzen. Braten Sie die Scheiben, bis sie goldbraun sind. Auf saugfähigem Papier abtropfen lassen.
- Die Pakwans mit heißem Dhal servieren.

würzig

(Würzige Gramm Mehlflocken)

Serviert 4

Zutaten

500 g/1 Pfund 2 Unzen Besan*

1 Teelöffel Ajowansamen

1 Esslöffel raffiniertes Pflanzenöl plus extra zum Braten

¼ Teelöffel Asafoetida

Nach Geschmack salzen

200ml Wasser

Methode

- Die Besan mit den Ajowansamen, Öl, Asafoetida, Salz und Wasser zu einem klebrigen Teig kneten.
- Den Teig in einen Beutel geben.
- Das Öl in einem Topf erhitzen. Den Teig durch die nudelförmige Tülle in die Pfanne drücken und von beiden Seiten leicht anbraten.
- Vor dem Lagern gut abtropfen lassen und abkühlen lassen.

NOTIZ:*Diese kann fünfzehn Tage lang aufbewahrt werden.*

Gefüllte vegetarische Mezzaluna

vor 6

Zutaten

350 g weißes Mehl

6 Esslöffel heißes raffiniertes Pflanzenöl plus extra zum Braten

Nach Geschmack salzen

1 Tomate, in Scheiben geschnitten

Für die Füllung:

3 Esslöffel raffiniertes Pflanzenöl

200 g Erbsen

1 Karotte, in Julienne-Streifen geschnitten

100 g grüne Bohnen, in Streifen geschnitten

4 Esslöffel frische Kokosnuss, geraspelt

3 grüne Chilis

1 Zoll Ingwerwurzel, zerkleinert

4 Teelöffel Korianderblätter, fein gehackt

2 Teelöffel Zucker

2 Esslöffel Zitronensaft

Nach Geschmack salzen

Methode

- Zuerst die Füllung zubereiten. Das Öl in einem Topf erhitzen. Erbsen, Karotten und grüne Bohnen dazugeben und unter ständigem Rühren weich dünsten.
- Alle anderen Zutaten für die Füllung hinzugeben und gut verrühren. Regal.
- Mehl mit Öl und Salz mischen. Kneten, bis ein fester Teig entsteht.
- Den Teig in 6 zitronengroße Kugeln teilen.
- Rollen Sie jede Kugel zu einer Scheibe mit 10 cm Durchmesser.
- Die Gemüsefüllung auf einer Hälfte einer Scheibe anrichten. Die andere Hälfte über die Füllung klappen und die Ränder gut verschließen.
- Wiederholen Sie dies für alle Festplatten.
- Das Öl in einem Topf erhitzen. Die Halbmonde dazugeben und braten, bis sie gut gebräunt sind.
- In einer runden Servierschale anrichten und mit den Tomatenscheiben garnieren. Sofort servieren.

Kachori Usal

(Gebratenes Brot mit Kichererbsen)

Serviert 4

Zutaten
Für das Gebäck:

50 g fein gehackte Bockshornkleeblätter

175 g Vollkornmehl

2 grüne Chilischoten, fein gehackt

1 Teelöffel Ingwerpaste

¼ Teelöffel Kurkuma

100ml Wasser

Nach Geschmack salzen

Für die Füllung:

1 Teelöffel raffiniertes Pflanzenöl

250 g Mungobohnen, gekocht

250 g grüne Kichererbsen, gekocht

¼ Teelöffel Kurkuma

½ Teelöffel Chilipulver

1 Teelöffel gemahlener Koriander

1 Teelöffel gemahlener Kreuzkümmel

Nach Geschmack salzen

Für die Soße:

2 Esslöffel raffiniertes Pflanzenöl

2 große Zwiebeln, fein gehackt

2 Tomaten, gehackt

1 Teelöffel Knoblauchpaste

½ Teelöffel Garam Masala

¼ Teelöffel Chilipulver

Nach Geschmack salzen

Methode

- Alle Teigzutaten vermischen. Kneten, bis ein fester Teig entsteht. Regal.
- Für die Füllung das Öl in einer Pfanne erhitzen und alle Zutaten für die Füllung bei mittlerer Hitze 5 Minuten anschwitzen. Regal.
- Für die Sauce das Öl in einer Pfanne erhitzen. Alle Soßenzutaten hinzufügen. 5 Minuten braten, gelegentlich umrühren. Regal.
- Den Teig in 8 Portionen teilen. Jede Portion zu einer Scheibe mit 10 cm Durchmesser ausrollen.
- Geben Sie etwas Füllung in die Mitte einer Scheibe. Wie eine Tüte verschließen und zu einer gefüllten Kugel glatt streichen. Wiederholen Sie dies für alle Festplatten.

- Die Kugeln 15 Minuten dämpfen.
- Die Kugeln in die Sauce geben und umrühren, um sie zu beschichten. 5 Minuten bei schwacher Hitze garen.
- Heiß servieren.

Dhal Dhokli

(herzhafter Gujarati-Snack)

Serviert 4

Zutaten
Für das Dhokli:

175 g Vollkornmehl

Eine Prise Kurkuma

¼ Teelöffel Chilipulver

½ Teelöffel Ajowansamen

1 Teelöffel raffiniertes Pflanzenöl

100ml Wasser

Für den Dal:

2 Esslöffel raffiniertes Pflanzenöl

3-4 Nelken

5 cm/2 Zoll Zimt

1 Teelöffel Senfkörner

300 g Masoor Dhal*, gekocht und püriert

½ Teelöffel Kurkuma

Eine Prise Asafoetida

1 Esslöffel Tamarindenpaste

2 Esslöffel geriebener Jaggery*

60 g Erdnüsse

1 Teelöffel gemahlener Koriander

1 Teelöffel gemahlener Kreuzkümmel

½ Teelöffel Chilipulver

Nach Geschmack salzen

25 g/1 oz spärliche Korianderblätter, fein gehackt

Methode

- Mischen Sie alle Dhokli-Zutaten zusammen. Zu einem festen Teig kneten.
- Den Teig in 5-6 Kugeln teilen. In dicke Scheiben mit 6 cm Durchmesser ausrollen. 10 Minuten zum Aushärten beiseite stellen.
- Schneiden Sie die Dhokli-Scheiben in rautenförmige Stücke. Regal.
- Für das Dhal das Öl in einem Topf erhitzen. Nelken, Zimt und Senfkörner dazugeben. Lassen Sie sie 15 Sekunden lang abtropfen.
- Fügen Sie alle anderen Zutaten des Dhal außer den Korianderblättern hinzu. Gut mischen. Bei starker Hitze kochen, bis das Dhal zu kochen beginnt.
- Fügen Sie die Dhokli-Stücke zum kochenden Dhal hinzu. 10 Minuten bei schwacher Hitze weiterkochen.
- Mit den Korianderblättern garnieren. Heiß servieren.

Misal

(Gesunder Snack aus gekeimten Bohnen)

Serviert 4

Zutaten

3-4 Esslöffel raffiniertes Pflanzenöl

½ Teelöffel Senfkörner

¼ Teelöffel Asafoetida

6 Curryblätter

1 Teelöffel Ingwerpaste

1 Teelöffel Knoblauchpaste

25 g von 1 oz spärlichen Korianderblättern, in einem Mixer gemahlen

1 Teelöffel Chilipulver

1 Teelöffel Tamarindenpaste

2 Esslöffel geriebener Jaggery*

Nach Geschmack salzen

300 g gekeimte Mungobohnen, gekocht

2 große Kartoffeln, gewürfelt und gekocht

500ml Wasser

300 g Bombay-Mischung*

1 große Tomate, fein gehackt

1 große Zwiebel, fein gehackt

25 g/1 oz spärliche Korianderblätter, fein gehackt

4 Scheiben Brot

Für die Gewürzmischung:

1 Teelöffel Kreuzkümmel

2 Teelöffel Koriandersamen

2 Nelken

3 Pfefferkörner

¼ Teelöffel gemahlener Zimt

Methode

- Alle Zutaten der Gewürzmischung zusammen mahlen. Regal.
- Das Öl in einem Topf erhitzen. Senfkörner, Asafoetida und Curryblätter dazugeben. 2-3 Minuten abtropfen lassen.
- Ingwerpaste, Knoblauchpaste, gemahlene Korianderblätter, Chilipulver, Tamarindenpaste, Jaggery und Salz hinzufügen. Gut mischen und 3-4 Minuten kochen lassen.
- Die gemahlene Gewürzmischung hinzugeben. 2-3 Minuten anbraten.
- Die gekeimten Bohnen, Kartoffeln und Wasser hinzufügen. Gut mischen und 15 Minuten kochen.
- In eine Servierschüssel geben und mit Bombay Mix, gehackten Tomaten, gehackten Zwiebeln und Korianderblättern bestreuen.
- Heiß mit einer Scheibe Brot servieren.

Pandora

(Mung-Dhal-Snack)

vor 12

Zutaten

1 grüne Chili, längs halbiert

Nach Geschmack salzen

1 Teelöffel Backpulver

¼ Teelöffel Asafoetida

250 g/9 oz ganzes Mung-Dhal*, 4 Stunden eingeweicht

2 Esslöffel raffiniertes Pflanzenöl

2 Teelöffel Korianderblätter, fein gehackt

Methode

- Grüne Chilischote, Salz, Natron und Asafoetida zum Dhal geben. Zu einer Paste mahlen.
- Fetten Sie eine 20 cm/8 Zoll Kuchenform mit Öl ein und gießen Sie die Dhal-Paste hinein. 10 Minuten dämpfen.
- Stellen Sie die gedämpfte Dhal-Mischung für 10 Minuten beiseite. Nach dem Abkühlen in 2,5 cm große Stücke schneiden.

- Mit den Korianderblättern garnieren. Heiß mit grünem Kokosnuss-Chutney servieren

Gemüse-Adai

(Crêpe mit Gemüse, Reis und Linsen)

vor 8

Zutaten

100 g gekochter Reis

150 g Masoor Dhal*

75 g Urad Dhal*

3-4 rote Chilis

¼ Teelöffel Asafoetida

Nach Geschmack salzen

4 Esslöffel Wasser

1 Zwiebel, fein gehackt

½ Karotte, fein gehackt

50 g Kohl,

4-5 Curryblätter fein hacken

10 g Korianderblätter, fein gehackt

4 Esslöffel raffiniertes Pflanzenöl

Methode

- Reis und Dhal zusammen etwa 20 Minuten einweichen.
- Abtropfen lassen und die roten Chilis, Asafoetida, Salz und Wasser hinzufügen. Zu einer groben Paste mahlen.
- Zwiebel, Karotte, Kohl, Curryblätter und Korianderblätter dazugeben. Mischen Sie gut, bis Sie einen Teig mit einer ähnlichen Konsistenz wie Biskuitkuchen erhalten. Fügen Sie mehr Wasser hinzu, wenn die Konsistenz nicht stimmt.
- Eine flache Pfanne einfetten. Gießen Sie einen Löffel Teig hinein. Mit der Rückseite eines Löffels zu einem dünnen Crêpe verteilen.
- Gießen Sie einen halben Teelöffel Öl um den Crêpe. Wenden, um beide Seiten zu kochen.
- Wiederholen Sie dies für den Rest des Teigs. Heiß mit Kokos-Chutney servieren

Würzige Maiskolben

Serviert 4

Zutaten

8 Maiskolben

Gesalzene Butter nach Geschmack

Nach Geschmack salzen

2 Teelöffel Chaat Masala*

2 Zitronen, halbiert

Methode

- Braten Sie die Maiskolben auf einem Holzkohle- oder Hochtemperaturgrill, bis sie überall gebräunt sind.
- Butter, Salz, Chaat Masala und Zitronen auf jeden Kolben reiben.
- Sofort servieren.

Gemischtes Gemüsehack

vor 12

Zutaten

Nach Geschmack salzen

¼ Teelöffel gemahlener schwarzer Pfeffer

4-5 große Kartoffeln, gekocht und püriert

2 Esslöffel raffiniertes Pflanzenöl plus extra zum Braten

1 kleine Zwiebel, fein gehackt

½ Teelöffel Garam Masala

1 Teelöffel Zitronensaft

100 g gefrorenes Mischgemüse

2-3 grüne Chilischoten, fein gehackt

50 g Korianderblätter, fein gehackt

250 g Pfeilwurzpulver

150ml Wasser

100 g Semmelbrösel

Methode

- Salz und schwarzen Pfeffer zu den Kartoffeln geben. Gut mischen und in 12 Kugeln teilen. Regal.
- Für die Füllung 2 EL Öl in einer Pfanne erhitzen. Die Zwiebel bei mittlerer Hitze glasig dünsten.
- Fügen Sie Garam Masala, Zitronensaft, gemischtes Blattgemüse, grüne Chilis und Korianderblätter hinzu. Gut mischen und bei mittlerer Hitze 2-3 Minuten kochen. Gut pürieren und beiseite stellen.
- Die Kartoffelbällchen mit gefetteten Handflächen zerdrücken.
- Auf jedes Kartoffelpatty etwas von der Füllmischung geben. Versiegeln Sie, um Koteletts in einer länglichen Form zu machen. Regal.
- Das Pfeilwurzpulver mit ausreichend Wasser zu einem dünnen Teig verrühren.
- Das Öl in einer Pfanne erhitzen. Tauchen Sie die Koteletts in den Teig, wälzen Sie sie in den Semmelbröseln und braten Sie sie bei mittlerer Hitze, bis sie goldbraun sind.
- Abgießen und heiß servieren.

Idli Upma

(Gedämpfter Reiskuchen-Snack)

Serviert 4

Zutaten

5 Esslöffel raffiniertes Pflanzenöl

½ Teelöffel Senfkörner

½ Teelöffel Kreuzkümmel

1 Teelöffel Urad Dhal*

2 grüne Chilis, längs aufgeschnitten

8 Curryblätter

Eine Prise Asafoetida

¼ Teelöffel Kurkuma

8 zerkleinerte Idlis

2 Teelöffel Kristallzucker

1 EL Korianderblätter, fein gehackt

Nach Geschmack salzen

Methode

- Das Öl in einem Topf erhitzen. Senfkörner, Kreuzkümmel, Urad Dhal, grüne Chilischoten, Curryblätter, Asafoetida und Kurkuma hinzufügen. Lassen Sie sie 30 Sekunden brutzeln.
- Gehackte Idlis, Kristallzucker, Koriander und Salz hinzufügen. Vorsichtig mischen.
- Sofort servieren.

Dhal Bhajiya

(Gebratene Linsenbällchen im Brot)

vor 15

Zutaten

250/9 Unzen Mung-Dhal*, 2-3 Stunden einweichen

2 grüne Chilischoten, fein gehackt

2 Esslöffel Korianderblätter, fein gehackt

1 Teelöffel Kreuzkümmel

Nach Geschmack salzen

Raffiniertes Pflanzenöl zum Braten

Methode

- Dhal abtropfen lassen und grob mahlen.
- Chilischoten, Korianderblätter, Kreuzkümmel und Salz hinzufügen. Gut mischen.
- Das Öl in einer Pfanne erhitzen. Kleine Portionen der Dhal-Mischung zugeben und bei mittlerer Hitze goldbraun braten.
- Heiß mit Minz-Chutney servieren

Masala Papa

(mit Gewürzen gewürzte Papadams)

vor 8

Zutaten

2 Tomaten, fein gehackt

2 große Zwiebeln, fein gehackt

3 grüne Chilischoten, fein gehackt

10 g Korianderblätter, gehackt

2 Esslöffel Zitronensaft

1 Teelöffel Chaat Masala*

Nach Geschmack salzen

8 PopsSo

Methode

- Alle Zutaten, bis auf die Papadams, in einer Schüssel mischen.
- Braten Sie die Papadams bei starker Hitze und wenden Sie sie auf jeder Seite. Pass auf, dass du sie nicht verbrennst.
- Die Gemüsemischung auf jedem Papadom verteilen. Sofort servieren.

Gemüsesandwich

vor 6

Zutaten

12 Scheiben Brot

50 g Butter

100 g Minz-Chutney

1 große Kartoffel, gekocht und in dünne Scheiben geschnitten

1 Tomate, in dünne Scheiben geschnitten

1 große Zwiebel, in dünne Scheiben geschnitten

1 Gurke, in dünne Scheiben geschnitten

Chaat Masala*schmecken

Nach Geschmack salzen

Methode

- Die Brotscheiben buttern und jeweils eine dünne Schicht Minz-Chutney darauf verteilen.
- Auf 6 Brotscheiben eine Schicht Kartoffel-, Tomaten-, Zwiebel- und Gurkenscheiben anrichten.
- Mit etwas Chaat Masala und Salz bestreuen.
- Mit den restlichen Brotscheiben bedecken und nach Belieben schneiden. Sofort servieren.

Gekeimte grüne Bohnenbrötchen

vor 8

Zutaten

175 g Vollkornmehl

2 Esslöffel Weißmehl

½ Teelöffel Kristallzucker

75ml Wasser

50 g gefrorene Erbsen

25 g / knapp 1 oz gekeimte Mungobohnen

2 Esslöffel raffiniertes Pflanzenöl

50 g Spinat, fein gehackt

1 kleine Tomate, fein gehackt

1 kleine Zwiebel, fein gehackt

30 g Kohlblätter, fein gehackt

1 Teelöffel gemahlener Kreuzkümmel

1 Teelöffel gemahlener Koriander

¼ Teelöffel Ingwerpaste

¼ Teelöffel Knoblauchpaste

60 ml Sahne

Nach Geschmack salzen

750 g/1 lb 10 oz Joghurt

Methode

- Vollkornmehl, Weißmehl, Zucker und Wasser mischen. Kneten, bis ein fester Teig entsteht. Regal.
- Kochen Sie die Erbsen und Mungobohnen in wenig Wasser. Abgießen und beiseite stellen.
- Das Öl in einem Topf erhitzen. Spinat, Tomate, Zwiebel und Kohl dazugeben. Unter gelegentlichem Rühren braten, bis die Tomate breiig ist.
- Die Erbsen-Mungbohnen-Mischung zusammen mit allen anderen Zutaten außer dem Teig hinzugeben. Bei mittlerer Hitze kochen, bis sie trocken sind. Regal.
- Aus dem Teig dünne Chapatis machen.
- Auf eine Seite jedes Chapatti die gekochte Mischung längs in die Mitte legen und aufrollen. Mit Minz-Chutney und Joghurt servieren.

Chutney-Sandwich

vor 6

Zutaten

12 Scheiben Brot

½ Teelöffel Butter

6 Esslöffel Minz-Chutney

4 Tomaten, in Scheiben geschnitten

Methode

- Alle Brotscheiben buttern. Das Minz-Chutney auf 6 Scheiben verteilen.
- Die Kirschtomaten auf dem Minz-Chutney anrichten und mit einer weiteren gebutterten Scheibe bedecken. Sofort servieren.

Chatpata Gobhi

(Würziger Blumenkohl-Snack)

Serviert 4

Zutaten

500 g Blumenkohlröschen

Nach Geschmack salzen

1 Teelöffel gemahlener schwarzer Pfeffer

1 Esslöffel raffiniertes Pflanzenöl

1 Esslöffel Zitronensaft

Methode

- Die Blumenkohlröschen 10 Minuten dämpfen. Zum Abkühlen beiseite stellen.
- Die gedämpften Röschen gut mit den anderen Zutaten vermischen. Verteilen Sie den Blumenkohl auf einem feuerfesten Backblech und grillen Sie ihn 5 bis 7 Minuten oder bis er braun ist. Heiß servieren.

Sabudana Vada

(Sago-Schnitzel)

vor 12

Zutaten

300 g/10 Unzen Sago

125 g Erdnüsse, geröstet und grob gehackt

2 große Kartoffeln, gekocht und püriert

5 grüne Chilis, gehackt

Nach Geschmack salzen

Raffiniertes Pflanzenöl zum Braten

Methode

- Weichen Sie den Sago 5 Stunden lang ein. Gut abtropfen lassen und 3-4 Stunden ziehen lassen.
- Sago mit allen Zutaten außer dem Öl mischen. Gut mischen.
- Fetten Sie die Handflächen ein und formen Sie zwölf Frikadellen mit der Mischung.
- Das Öl in einer Pfanne erhitzen. 3-4 Frikadellen auf einmal bei mittlerer Hitze goldbraun braten.
- Auf saugfähigem Papier abtropfen lassen. Heiß mit Minz-Chutney servieren.

Upma-Brot

(Brotsnack)

Serviert 4

Zutaten

2 Esslöffel raffiniertes Pflanzenöl

½ Teelöffel Senfkörner

½ Teelöffel Kreuzkümmel

3 grüne Chilis, längs aufgeschnitten

½ Teelöffel Kurkuma

¼ Teelöffel Asafoetida

2 Zwiebeln, fein gehackt

2 Tomaten, fein gehackt

Nach Geschmack salzen

2 Teelöffel Zucker

3-4 Esslöffel Wasser

15 Scheiben Brot, in kleine Stücke geschnitten

1 Esslöffel Korianderblätter, gehackt

Methode

- Das Öl in einer Pfanne erhitzen. Senfkörner, Kreuzkümmel, grüne Chilischoten, Kurkuma und Asafoetida hinzugeben. Lassen Sie sie 15 Sekunden lang abtropfen.
- Die Zwiebeln hinzugeben und glasig dünsten. Tomaten, Salz, Zucker und Wasser zugeben. Bei mittlerer Hitze zum Kochen bringen.
- Das Brot dazugeben und gut vermischen. 2-3 Minuten köcheln lassen, gelegentlich umrühren.
- Mit den Korianderblättern garnieren. Heiß servieren.

Würziger Khaja

(Würzige Mehlknödel mit Ingwer)

Macht 25-30

Zutaten

500 g/1 Pfund 2 Unzen Besan*

85 g weißes Mehl

2 Teelöffel Chilipulver

½ Teelöffel Ajowansamen

½ Teelöffel Kreuzkümmel

1 Esslöffel Korianderblätter, gehackt

Nach Geschmack salzen

200ml Wasser

1 Esslöffel raffiniertes Pflanzenöl plus extra zum Braten

Methode

- Alle Zutaten, bis auf das Frittieröl, zu einem weichen Teig verrühren.

- 25-30 Kugeln mit 10 cm Durchmesser formen. Alles mit einer Gabel einstechen.

- Auf einem sauberen Tuch 25-30 Minuten trocknen lassen.

- Braten, bis sie goldbraun sind. Abtropfen lassen, abkühlen und bis zu 15 Tage lagern.

Knusprige Kartoffel

Serviert 4

Zutaten

500 g griechischer Joghurt

1 Teelöffel Ingwerpaste

1 Teelöffel Knoblauchpaste

1 Teelöffel Garam Masala

1 Teelöffel gemahlener Kreuzkümmel, trocken geröstet

1 Esslöffel Minzblätter, gehackt

½ Esslöffel Korianderblätter, gehackt

Nach Geschmack salzen

2 Esslöffel raffiniertes Pflanzenöl

4-5 Kartoffeln, geschält und in Julienne-Streifen geschnitten

Methode

- Den Joghurt in einer Schüssel verquirlen. Alle Zutaten außer Öl und Kartoffeln hinzugeben. Gut mischen.

- Die Kartoffeln mit dem Joghurt 3-4 Stunden im Kühlschrank marinieren.

- Gießen Sie das Öl in eine beschichtete Pfanne und legen Sie die marinierten Kartoffeln darauf.

- 10 Minuten grillen. Die Kartoffeln wenden und weitere 8-10 Minuten grillen, bis sie knusprig sind. Heiß servieren.

Dhal Vada

(gemischte frittierte Linsenbällchen)

vor 15

Zutaten

300 g/10 Unzen ganzer Masoor Dhal*

150 g Masoor Dhal*

1 große Zwiebel, fein gehackt

2,5 cm Ingwerwurzel, fein gehackt

3 grüne Chilischoten, fein gehackt

¼ Esslöffel Asafoetida

Nach Geschmack salzen

Raffiniertes Pflanzenöl zum Braten

Methode

- Mischen Sie die Dals zusammen. Legen Sie es in ein Sieb und gießen Sie Wasser hinein. Eine Stunde beiseite stellen. Mit einem Handtuch trocknen.

- Mahlen Sie die Dals zu einer Paste. Alle anderen Zutaten außer dem Öl hinzugeben. Gut mischen und die Mischung zu Fleischbällchen formen.

- Das Öl in einer Pfanne erhitzen. Frikadellen bei mittlerer Hitze goldbraun braten. Heiß mit Minz-Chutney servieren

Gebratene Garnelen im Teig

 Serviert 4

Zutaten

   250 g Garnelen, geschält

   250 g Bohnen*

   2 grüne Chilischoten, fein gehackt

   1 Teelöffel Chilipulver

   1 Teelöffel Kurkuma

   1 Teelöffel gemahlener Koriander

   1 Teelöffel gemahlener Kreuzkümmel

   ½ Teelöffel Amchor*

   1 kleine Zwiebel, gerieben

   ¼ Teelöffel Natron

   Nach Geschmack salzen

   Raffiniertes Pflanzenöl zum Braten

Methode

- Alle Zutaten außer dem Öl mit gerade so viel Wasser zu einem dickflüssigen Teig verrühren.
- Das Öl in einer Pfanne erhitzen. Gießen Sie ein paar Löffel Teig hinein und lassen Sie ihn bei mittlerer Hitze weich werden, bis er von allen Seiten goldbraun ist.
- Für den restlichen Teig wiederholen. Heiß servieren.

Makrele in Tomatensauce

Serviert 4

Zutaten

1 Esslöffel raffiniertes Pflanzenöl

2 große Zwiebeln, fein gehackt

2 Tomaten, fein gehackt

1 Esslöffel Ingwerpaste

1 Esslöffel Knoblauchpaste

1 Teelöffel Chilipulver

½ Teelöffel Kurkuma

8 getrocknete Kokums*

2 grüne Chilis, in Scheiben geschnitten

Nach Geschmack salzen

4 große Makrelen, enthäutet und filetiert

120ml Wasser

Methode

- Das Öl in einem Topf erhitzen. Die Zwiebeln bei mittlerer Hitze goldbraun braten. Fügen Sie alle anderen Zutaten außer Fisch und Wasser hinzu. Gut mischen und 5-6 Minuten sautieren.
- Fisch und Wasser zugeben. Gut mischen. 15 Minuten garen und heiß servieren.

Konju Ullaruathu

(Scampi in Roter Masala)

Serviert 4

Zutaten

120 ml raffiniertes Pflanzenöl

1 große Zwiebel, fein gehackt

5 cm Ingwerwurzel, fein geschnitten

12 Knoblauchzehen, fein geschnitten

2 Esslöffel grüne Chilis, fein gehackt

8 Curryblätter

2 Tomaten, fein gehackt

1 Teelöffel Kurkuma

2 Teelöffel gemahlener Koriander

1 Teelöffel gemahlener Fenchel

600 g Scampi, geschält und entdarmt

3 Teelöffel Chilipulver

Nach Geschmack salzen

1 Teelöffel Garam Masala

Methode

- Das Öl in einem Topf erhitzen. Zwiebel, Ingwer, Knoblauch, grüne Chilischoten und Curryblätter dazugeben und bei mittlerer Hitze 1-2 Minuten anbraten.
- Fügen Sie alle anderen Zutaten außer Garam Masala hinzu. Gut mischen und bei schwacher Hitze 15-20 Minuten kochen.
- Mit Garam Masala bestreuen und heiß servieren.

Chemeen Manga Curry

(Garnelencurry mit grüner Mango)

Serviert 4

Zutaten

200 g frische Kokosnuss, gerieben

1 Esslöffel Chilipulver

2 große Zwiebeln, fein geschnitten

3 Esslöffel raffiniertes Pflanzenöl

2 grüne Chilis, gehackt

1 Zoll Ingwerwurzel, in dünne Scheiben geschnitten

Nach Geschmack salzen

1 Teelöffel Kurkuma

1 kleine unreife Mango, gewürfelt

120ml Wasser

750 g Riesengarnelen, geschält und entdarmt

1 Teelöffel Senfkörner

10 Curryblätter

2 ganze rote Chilis

4-5 Schalotten, in Scheiben geschnitten

Methode

- Die Kokosnuss, das Chilipulver und die Hälfte der Zwiebeln zusammen mahlen. Regal.
- Die Hälfte des Öls in einem Topf erhitzen. Die restlichen Zwiebeln mit den grünen Chilis, Ingwer, Salz und Kurkuma bei schwacher Hitze 3-4 Minuten anschwitzen.
- Fügen Sie die Kokosnusspaste, die unreife Mango und das Wasser hinzu. 8 Minuten köcheln lassen.
- Die Garnelen hinzufügen. 10-12 Minuten garen und beiseite stellen.
- Restliches Öl erhitzen. Senfkörner, Curryblätter, Chilischoten und Schalotten dazugeben. Eine Minute braten. Diese Mischung zu den Garnelen geben und heiß servieren.

Einfache Machchi-Fritte

(Gebratener Fisch mit Gewürzen)

Serviert 4

Zutaten

8 Filets von festem Weißfisch wie Kabeljau

¾ Teelöffel Kurkuma

½ Teelöffel Chilipulver

1 Teelöffel Zitronensaft

250 ml raffiniertes Pflanzenöl

2 Esslöffel Weißmehl

Methode

- Den Fisch 1 Stunde in Kurkuma, Chilipulver und Zitronensaft marinieren.
- Das Öl in einer Pfanne erhitzen. Den Fisch in Mehl wenden und bei mittlerer Hitze 3-4 Minuten braten. Wenden und 2-3 Minuten braten. Heiß servieren.

Machher Kalia

(Fisch in reichhaltiger Soße)

Serviert 4

Zutaten

1 Teelöffel Koriandersamen

2 Teelöffel Kreuzkümmel

1 Teelöffel Chilipulver

1 Zoll Ingwerwurzel, geschält

250ml Wasser

120 ml raffiniertes Pflanzenöl

500 g Forellenfilets 2 oz, gehäutet

3 Lorbeerblätter

1 große Zwiebel, fein gehackt

4 Knoblauchzehen, fein gehackt

4 grüne Chilis, in Scheiben geschnitten

Nach Geschmack salzen

1 Teelöffel Kurkuma

2 Esslöffel Joghurt

Methode

- Koriandersamen, Kreuzkümmel, Chilipulver und Ingwer mit ausreichend Wasser zu einer dicken Paste mahlen. Regal.
- Das Öl in einem Topf erhitzen. Den Fisch hinzugeben und bei mittlerer Hitze 3-4 Minuten anbraten. Umdrehen und wiederholen. Abgießen und beiseite stellen.
- In dasselbe Öl die Lorbeerblätter, die Zwiebel, den Knoblauch und die grünen Chilis geben. 2 Minuten braten. Fügen Sie die anderen Zutaten, den gebratenen Fisch und die Nudeln hinzu. Gut mischen und 15 Minuten kochen. Heiß servieren.

Gebratener Fisch im Ei

Serviert 4

Zutaten

500 g Petersfisch, enthäutet und filetiert

Saft von 1 Zitrone

Nach Geschmack salzen

2 Eier

1 Esslöffel Weißmehl

½ Teelöffel gemahlener schwarzer Pfeffer

1 Teelöffel Chilipulver

250 ml raffiniertes Pflanzenöl

100 g Semmelbrösel

Methode

- Den Fisch 4 Stunden in Zitronensaft und Salz marinieren.
- Eier mit Mehl, Pfeffer und Chilipulver verquirlen.
- Das Öl in einer Pfanne erhitzen. Den marinierten Fisch in die Eimasse tauchen, in Semmelbröseln wälzen und bei schwacher Hitze goldbraun braten. Heiß servieren.

Lau Chingri

(Garnelen mit Kürbis)

Serviert 4

Zutaten

250 g Garnelen, geschält

500 g 2 Unzen Kürbis, gewürfelt

2 Esslöffel Senföl

¼ Teelöffel Kreuzkümmel

1 Lorbeerblatt

½ Teelöffel Kurkuma

1 Esslöffel gemahlener Koriander

¼ Teelöffel Zucker

1 Esslöffel Milch

Nach Geschmack salzen

Methode

- Garnelen und Kürbis 15-20 Minuten dämpfen. Regal.
- Das Öl in einem Topf erhitzen. Kümmelsamen und Lorbeerblatt dazugeben. 15 Sekunden braten. Fügen Sie Kurkuma und gemahlenen Koriander hinzu. Bei mittlerer Hitze 2-3 Minuten braten. Fügen Sie Zucker, Milch, Salz und gedämpfte Garnelen und Kürbis hinzu. 10 Minuten kochen. Heiß servieren.

Tomatenfisch

Serviert 4

Zutaten

2 Esslöffel Weißmehl

1 Teelöffel gemahlener schwarzer Pfeffer

500 g Rotzunge, geschält und filetiert

3 Esslöffel Butter

2 Lorbeerblätter

1 kleine Zwiebel, gerieben

6 Knoblauchzehen, fein gehackt

2 Esslöffel Zitronensaft

6 Löffel Fischbrühe

150 g Tomatenpüree

Nach Geschmack salzen

Methode

- Mehl und Pfeffer miteinander vermischen. Tauchen Sie den Fisch in die Mischung.
- Butter in einer Pfanne erhitzen. Den Fisch bei mittlerer Hitze goldbraun braten. Abgießen und beiseite stellen.
- In derselben Butter Lorbeerblätter, Zwiebel und Knoblauch bei mittlerer Hitze 2-3 Minuten anbraten. Fügen Sie den gebratenen Fisch und alle anderen Zutaten hinzu. Gut mischen und 20 Minuten kochen. Heiß servieren.

Chingri Machher Kalia

(reichhaltiges Garnelen-Curry)

Serviert 4

Zutaten

24 große Garnelen, geschält und entdarmt

½ Teelöffel Kurkuma

Nach Geschmack salzen

250ml Wasser

3 Esslöffel Senföl

2 große Zwiebeln, fein gerieben

6 getrocknete rote Chilischoten, gemahlen

2 Esslöffel Korianderblätter, fein gehackt

Methode

- Garnelen mit Kurkuma, Salz und Wasser in einem Topf bei mittlerer Hitze 20-25 Minuten garen. Regal. Gießen Sie das Wasser nicht weg.
- Das Öl in einem Topf erhitzen. Zwiebeln und Paprika zugeben und bei mittlerer Hitze 2-3 Minuten anbraten.
- Fügen Sie die gekochten Garnelen und das reservierte Wasser hinzu. Gut mischen und 20-25 Minuten köcheln lassen. Mit den Korianderblättern garnieren. Heiß servieren.

Fisch Kebab Tikka

Serviert 4

Zutaten

1 Esslöffel Malzessig

1 Esslöffel Joghurt

1 Teelöffel Ingwerpaste

1 Teelöffel Knoblauchpaste

2 grüne Chilischoten, fein gehackt

1 Teelöffel Garam Masala

1 Teelöffel gemahlener Kreuzkümmel

1 Teelöffel Chilipulver

Ein Schuss orangefarbene Lebensmittelfarbe

Nach Geschmack salzen

675 g Seeteufel, geschält und filetiert

Methode

- Alle Zutaten außer dem Fisch mischen. Den Fisch mit dieser Mischung 3 Stunden marinieren.
- Den marinierten Fisch auf Spieße stecken und 20 Minuten grillen. Heiß servieren.

Fleischbällchen aus Gemüse

vor 12

Zutaten

2 Esslöffel Pfeilwurzpulver

4-5 große Kartoffeln, gekocht und gerieben

1 Esslöffel raffiniertes Pflanzenöl plus extra zum Braten

125 g Bohnen*

25 g / knapp 1 oz frische Kokosnuss, geraspelt

4-5 Cashewnüsse

3-4 Rosinen

125 g gefrorene Erbsen, gekocht

2 Teelöffel getrocknete Granatapfelkerne

2 Teelöffel grob gemahlener Koriander

1 Teelöffel Fenchelsamen

½ Teelöffel gemahlener schwarzer Pfeffer

½ Teelöffel Chilipulver

1 Teelöffel Amchor*

½ Teelöffel grobes Salz

Nach Geschmack salzen

Methode

- Pfeilwurz, Kartoffeln und 1 Esslöffel Öl vermischen. Regal.

- Für die Füllung die anderen Zutaten außer dem Öl vermischen.

- Den Kartoffelteig in runde Frikadellen teilen. Geben Sie einen Löffel Füllung in die Mitte jedes Pattys. Verschließe sie wie eine Tüte und drücke sie flach.

- Restliches Öl in einem Topf erhitzen. Braten Sie die Fleischbällchen bei schwacher Hitze, bis sie goldbraun sind. Heiß servieren.

Bhel keimte Bohnen

(herzhafter Snack mit gekeimten Bohnen)

Serviert 4

Zutaten

100 g gekeimte Mungobohnen, gekocht

250 g Kaala Chana*, gekocht

3 große Kartoffeln, gekocht und gehackt

2 große Tomaten, fein gehackt

1 mittelgroße Zwiebel, gehackt

Nach Geschmack salzen

Für die Garnitur:

2 Esslöffel Minz-Chutney

2 Esslöffel warmes und süßes Mango-Chutney

4-5 Esslöffel Joghurt

100 g Pommes Frites, zerkleinert

10 g Korianderblätter, gehackt

Methode

- Alle Zutaten außer den Zutaten für die Garnierung vermischen.
- Garnieren Sie in der Reihenfolge, in der die Zutaten aufgeführt sind. Sofort servieren.

Aloo Kachori

(gebratener Kartoffelknödel)

vor 15

Zutaten

350 g Vollkornmehl

1 Esslöffel raffiniertes Pflanzenöl plus extra zum Braten

1 Teelöffel Ajowansamen

Nach Geschmack salzen

5 Kartoffeln, gekocht und püriert

2 Teelöffel Chilipulver

1 Esslöffel Korianderblätter, gehackt

Methode

- Mehl, 1 Esslöffel Öl, Ajowansamen und Salz mischen. In zitronengroße Bällchen teilen. Jeweils zwischen den Handflächen flach drücken und beiseite stellen.
- Kartoffeln, Chilipulver, Korianderblätter und etwas Salz vermischen.
- Legen Sie eine Portion dieser Mischung in die Mitte jedes Pattys. Versiegeln Sie, indem Sie die Kanten verbinden.

- Das Öl in einer Pfanne erhitzen. Die Kachoris bei mittlerer Hitze goldbraun braten. Abgießen und heiß servieren.

Dosa-Diät

(Diätkrepp)

vor 12

Zutaten

300 g Mung-Dhal*, eingetaucht in 250 ml Wasser für 3-4 Stunden

3-4 grüne Chilischoten

2,5 cm Ingwerwurzel

100 g Grieß

1 Esslöffel saure Sahne

50 g Korianderblätter, gehackt

6 Curryblätter

Raffiniertes Pflanzenöl zum Einfetten

Nach Geschmack salzen

Methode

- Mischen Sie das Dhal mit den grünen Chilis und dem Ingwer. Grind zusammen.
- Grieß und saure Sahne zugeben. Gut mischen. Fügen Sie die Korianderblätter, Curryblätter und genug Wasser hinzu, um einen dicken Teig zu machen.

- Eine flache Pfanne einfetten und erhitzen. 2 Esslöffel Teig darüber gießen und mit der Rückseite eines Löffels verteilen. 3 Minuten bei schwacher Hitze kochen. Umdrehen und wiederholen.
- Für den restlichen Teig wiederholen. Heiß servieren.

Nutri-Rolle

Macht 8-10

Zutaten

200 g Spinat, fein gehackt

1 Karotte, fein gehackt

125 g gefrorene Erbsen

50 g gekeimte Mungobohnen

3-4 große Kartoffeln, gekocht und püriert

2 große Zwiebeln, fein gehackt

½ Teelöffel Ingwerpaste

½ Teelöffel Knoblauchpaste

1 grüne Chili, fein gehackt

½ Teelöffel Amchor*

Nach Geschmack salzen

½ Teelöffel Chilipulver

3 Esslöffel Korianderblätter, fein gehackt

Raffiniertes Pflanzenöl zum flachen Braten

8-10 Chapatis

2 Esslöffel warmes und süßes Mango-Chutney

Methode

- Spinat, Karotten, Erbsen und Mungbohnen dämpfen.
- Das gedämpfte Gemüse mit Kartoffeln, Zwiebeln, Ingwerpaste, Knoblauchpaste, grünem Chili, Amchoor, Salz, Chilipulver und Korianderblättern mischen. Gut mischen, um eine glatte Mischung zu erhalten.
- Die Mischung zu kleinen Koteletts formen.
- Das Öl in einem Topf erhitzen. Die Schnitzel bei mittlerer Hitze goldbraun braten. Abgießen und beiseite stellen.
- Verteilen Sie ein scharfes und süßes Mango-Chutney auf einem Chapatti. Legen Sie ein Schnitzel in die Mitte und rollen Sie die Chapatti auf.
- Wiederholen Sie dies für alle Chapatis. Heiß servieren.

Sabudana Palak Doodhi Uttapam

(Pfannkuchen mit Sago, Spinat und Flaschenkürbis)

macht 20

Zutaten

1 Teelöffel Toor Dhal*

1 Teelöffel Mung-Dhal*

1 Teelöffel Uradbohnen*

1 Teelöffel Masoor Dhal*

3 Esslöffel Reis

100 g Sago, grob gemahlen

50 g Spinat, gedünstet und gemahlen

¼ Flasche Kürbis*, gerieben

125 g Bohnen*

½ Teelöffel gemahlener Kreuzkümmel

1 Teelöffel Minzblätter, fein gehackt

1 grüne Chili, fein gehackt

½ Teelöffel Ingwerpaste

Nach Geschmack salzen

100ml Wasser

Raffiniertes Pflanzenöl zum Braten

Methode

- Mahlen Sie Toor Dhal, Mung Dhal, Uradbohnen, Masoor Dhal und Reis zusammen. Regal.
- Den Sago 3-5 Minuten einweichen. Vollständig abtropfen lassen.
- Mit der gemahlenen Dhal-Reis-Mischung mischen.
- Fügen Sie Spinat, Flaschenkürbis, Besan, gemahlenen Kreuzkümmel, Minzblätter, grüne Chili, Ingwerpaste, Salz und Wasser nach Bedarf hinzu, um einen dicken Teig zu machen. 30 Minuten beiseite stellen.
- Eine Pfanne einfetten und erhitzen lassen. 1 Esslöffel Teig in die Pfanne geben und mit der Rückseite eines Löffels verteilen.
- Zugedeckt bei mittlerer Hitze braten, bis die Unterseite hellbraun ist. Umdrehen und wiederholen.
- Für den restlichen Teig wiederholen. Heiß mit Ketchup oder grünem Kokosnuss-Chutney servieren

Poha

Serviert 4

Zutaten

150 g/5½ oz poha*

1½ Esslöffel raffiniertes Pflanzenöl

½ Teelöffel Kreuzkümmel

½ Teelöffel Senfkörner

1 große Kartoffel, fein gehackt

2 große Zwiebeln, fein geschnitten

5-6 grüne Chilischoten, fein gehackt

8 Curryblätter, grob gehackt

¼ Teelöffel Kurkuma

45 g geröstete Erdnüsse (optional)

25 g / knapp 1 oz frische, geraspelte oder geschabte Kokosnuss

10 g Korianderblätter, fein gehackt

1 Teelöffel Zitronensaft

Nach Geschmack salzen

Methode

- Poha gut waschen. Das Wasser vollständig abgießen und die Poha 15 Minuten in einem Sieb beiseite stellen.
- Lösen Sie die Poha-Klumpen vorsichtig mit Ihren Fingern. Regal.
- Das Öl in einem Topf erhitzen. Kreuzkümmel und Senfkörner dazugeben. Lassen Sie sie 15 Sekunden lang abtropfen.
- Fügen Sie die gehackten Kartoffeln hinzu. Bei mittlerer Hitze 2-3 Minuten dünsten. Zwiebeln, grüne Chilischoten, Curryblätter und Kurkuma dazugeben. Kochen, bis die Zwiebeln durchscheinend sind. Vom Herd nehmen.
- Poha, geröstete Erdnüsse und die Hälfte der Kokosraspeln und Korianderblätter hinzufügen. Gut mischen.
- Mit Zitronensaft und Salz beträufeln. Bei schwacher Hitze 4-5 Minuten garen.
- Mit den restlichen Kokos- und Korianderblättern garnieren. Heiß servieren.

Gemüseschnitzel

Macht 10-12

Zutaten

2 Zwiebeln, fein gehackt

5 Knoblauchzehen

¼ Teelöffel Fenchelsamen

2-3 grüne Chilischoten

10 g Korianderblätter, fein gehackt

2 große Karotten, fein gehackt

1 große Kartoffel, fein gehackt

1 kleine Rote Bete, fein gehackt

50 g grüne Bohnen, fein gehackt

50 g grüne Erbsen

900 ml/1,5 Liter Wasser

Nach Geschmack salzen

¼ Teelöffel Kurkuma

2-3 Esslöffel Besan*

1 Esslöffel raffiniertes Pflanzenöl plus extra zum Braten

50 g Semmelbrösel

Methode

- 1 Zwiebel, Knoblauch, Fenchelsamen, grüne Chilischoten und Korianderblätter zu einer glatten Paste zermahlen. Regal.
- In einem Topf Karotten, Kartoffeln, Rote Beete, grüne Bohnen und Erbsen mischen. 500 ml Wasser, Salz und Kurkuma hinzufügen und bei mittlerer Hitze kochen, bis das Gemüse weich ist.
- Das Gemüse gut pürieren und beiseite stellen.
- Besan und restliches Wasser verrühren, bis ein glatter Teig entsteht. Regal.
- 1 EL Öl in einem Topf erhitzen. Restliche Zwiebel zugeben und glasig dünsten.
- Die Zwiebel-Knoblauch-Paste dazugeben und bei mittlerer Hitze unter ständigem Rühren eine Minute anbraten.
- Fügen Sie das pürierte Gemüse hinzu und mischen Sie gründlich.
- Vom Herd nehmen und zum Abkühlen beiseite stellen.
- Teilen Sie diese Mischung in 10-12 Kugeln. Zwischen den Handflächen zu Patties flach drücken.
- Die Fleischbällchen in den Teig tauchen und in den Semmelbröseln wälzen.
- Das Öl in einer Pfanne erhitzen. Frikadellen von beiden Seiten goldbraun braten.
- Heiß mit Ketchup servieren.

Sojabohnen-Uppit

(Snack mit Sojabohnen)

Serviert 4

Zutaten

1½ Esslöffel raffiniertes Pflanzenöl

½ Teelöffel Senfkörner

2 grüne Chilischoten, fein gehackt

2 rote Chilischoten, fein gehackt

Eine Prise Asafoetida

1 große Zwiebel, fein gehackt

2,5 cm Ingwerwurzel, in Julienne-Streifen geschnitten

10 Knoblauchzehen, fein gehackt

6 Curryblätter

100 g Sojabohnengrieß*, trocken geröstet

100 g Grieß, trocken geröstet

200 g Erbsen

500 ml warmes Wasser

¼ Teelöffel Kurkuma

1 Teelöffel Zucker

1 Teelöffel Salz

1 große Tomate, fein gehackt

2 Esslöffel Korianderblätter, fein gehackt

15 Rosinen

10 Cashewnüsse

Methode

- Das Öl in einem Topf erhitzen. Die Senfkörner hinzufügen. Lassen Sie sie 15 Sekunden lang abtropfen.
- Grüne Chilis, rote Chilis, Asafoetida, Zwiebel, Ingwer, Knoblauch und Curryblätter hinzufügen. Bei mittlerer Hitze 3-4 Minuten unter häufigem Rühren braten.
- Sojaschrot, Grütze und Erbsen dazugeben. Garen, bis beide Grießsorten gut gebräunt sind.
- Heißes Wasser, Kurkuma, Zucker und Salz hinzugeben. Bei mittlerer Hitze kochen, bis das Wasser austrocknet.
- Mit Tomaten, Korianderblättern, Rosinen und Cashewnüssen garnieren.
- Heiß servieren.

Upma

(Frühstücksgericht aus Grieß)

Serviert 4

Zutaten

1 Esslöffel geklärte Butter

150 g Grieß

1 Esslöffel raffiniertes Pflanzenöl

¼ Teelöffel Senfkörner

1 Teelöffel Urad Dhal*

3 grüne Chilis, längs aufgeschnitten

8-10 Curryblätter

1 mittelgroße Zwiebel, fein gehackt

1 mittelgroße Tomate, fein gehackt

750ml Wasser

1 gehäufter Teelöffel Zucker

Nach Geschmack salzen

50 g Dosenerbsen (optional)

25 g/1 oz spärliche Korianderblätter, fein gehackt

Methode

- Ghee in einer Pfanne erhitzen. Den Grieß hinzugeben und unter häufigem Rühren anbraten, bis der Grieß goldbraun ist. Regal.
- Das Öl in einem Topf erhitzen. Senfkörner, Urad Dhal, grüne Chilischoten und Curryblätter hinzufügen. Braten, bis der Urad Dhal braun wird.
- Die Zwiebel zugeben und bei schwacher Hitze glasig dünsten. Die Tomate hinzugeben und weitere 3-4 Minuten braten.
- Fügen Sie das Wasser hinzu und mischen Sie gut. Bei mittlerer Hitze kochen, bis die Mischung zu kochen beginnt. Gut mischen.
- Zucker, Salz, Grieß und Erbsen zugeben. Gut mischen.
- Bei schwacher Hitze unter ständigem Rühren 2-3 Minuten kochen.
- Mit den Korianderblättern garnieren. Heiß servieren.

Fadennudeln Upma

(Fadennudeln mit Zwiebel)

Serviert 4

Zutaten

3 Esslöffel raffiniertes Pflanzenöl

1 Teelöffel Mung-Dhal*

1 Teelöffel Urad Dhal*

¼ Teelöffel Senfkörner

8 Curryblätter

10 Erdnüsse

10 Cashewnüsse

1 mittelgroße Kartoffel, fein gehackt

1 große Karotte, fein gehackt

2 grüne Chilischoten, fein gehackt

1/2 cm Ingwerwurzel, fein gehackt

1 große Zwiebel, fein gehackt

1 Tomate, fein gehackt

50 g gefrorene Erbsen

Nach Geschmack salzen

1 Liter Wasser

200 g Fadennudeln

2 Esslöffel geklärte Butter

Methode

- Das Öl in einem Topf erhitzen. Mung Dhal, Urad Dhal, Senfkörner und Curryblätter hinzugeben. Lassen Sie sie 30 Sekunden brutzeln.
- Erdnüsse und Cashewnüsse dazugeben. Bei mittlerer Hitze goldbraun braten.
- Kartoffel und Karotte dazugeben. 4-5 Minuten braten.
- Chilis, Ingwer, Zwiebeln, Tomaten, Erbsen und Salz hinzufügen. Bei mittlerer Hitze unter häufigem Rühren kochen, bis das Gemüse weich ist.
- Das Wasser zugeben und zum Kochen bringen. Gut mischen.
- Fügen Sie die Fadennudeln hinzu, während Sie weiter mischen, damit sich keine Klumpen bilden.
- Mit einem Deckel abdecken und bei schwacher Hitze 5-6 Minuten garen.
- Das Ghee dazugeben und gut vermischen. Heiß servieren.

Bonda

(Kartoffelschnitzel)

macht 10

Zutaten

5 Esslöffel raffiniertes Pflanzenöl plus extra zum Braten

½ Teelöffel Senfkörner

2,5 mm Ingwerwurzel, fein gehackt

2 grüne Chilischoten, fein gehackt

50 g Korianderblätter, fein gehackt

1 große Zwiebel, fein gehackt

4 mittelgroße Kartoffeln, gekocht und püriert

1 große Karotte, fein gehackt und gekocht

125 g Dosenerbsen

Eine Prise Kurkuma

Nach Geschmack salzen

1 Teelöffel Zitronensaft

250 g Bohnen*

200ml Wasser

½ Teelöffel Backpulver

Methode

- 4 EL Öl in einem Topf erhitzen. Senfkörner, Ingwer, grüne Chilischoten, Korianderblätter und Zwiebel hinzufügen. Bei mittlerer Hitze unter gelegentlichem Rühren braten, bis die Zwiebel goldbraun ist.
- Kartoffeln, Karotten, Erbsen, Kurkuma und Salz hinzufügen. Bei schwacher Hitze 5-6 Minuten köcheln lassen, gelegentlich umrühren.
- Den Zitronensaft hineinpressen und die Mischung in 10 Kugeln teilen. Regal.
- Besan, Wasser und Hefe mit 1 Esslöffel Öl zu einem Teig verrühren.
- Das Öl in einem Topf erhitzen. Tauchen Sie jedes Kartoffelbällchen in den Teig und braten Sie es bei mittlerer Hitze, bis es goldbraun ist.
- Heiß servieren.

Instant-Dhokla

(Instant gedämpfte Quiche)

Macht 15-20

Zutaten

250 g Bohnen*

1 Teelöffel Salz

2 Esslöffel Zucker

2 Esslöffel raffiniertes Pflanzenöl

½ Esslöffel Zitronensaft

240 ml Wasser

1 Esslöffel Backpulver

1 Teelöffel Senfkörner

2 grüne Chilis, längs aufgeschnitten

Ein paar Curryblätter

1 Esslöffel Wasser

2 Esslöffel Korianderblätter, fein gehackt

1 Esslöffel frische Kokosnuss, zerkleinert

Methode

- Besan, Salz, Zucker, 1 Esslöffel Öl, Zitronensaft und Wasser zu einem glatten Teig verrühren.
- Eine runde Kuchenform mit 20 cm Durchmesser einfetten.
- Backpulver zum Teig geben. Gut mischen und sofort in die gebutterte Form gießen. 20 Minuten dämpfen.
- Mit einer Gabel einstechen, um zu prüfen, ob es fertig ist. Wenn die Gabel nicht sauber herauskommt, dämpfen Sie erneut 5-10 Minuten lang. Regal.
- Restliches Öl in einem Topf erhitzen. Die Senfkörner hinzufügen. Lassen Sie sie 15 Sekunden lang abtropfen.
- Fügen Sie die grünen Chilis, Curryblätter und Wasser hinzu. 2 Minuten bei schwacher Hitze garen.
- Gießen Sie diese Mischung auf das Dhokla und lassen Sie es die Flüssigkeit aufnehmen.
- Mit Korianderblättern und Kokosraspeln garnieren.
- In Quadrate schneiden und mit Minz-Chutney servieren

Dhal Maharani

(Schwarze Linsen und Bohnen)

Serviert 4

Zutaten

150 g Urad Dhal*

2 Esslöffel rote Bohnen

1,4 Liter/2½ Pint Wasser

Nach Geschmack salzen

1 Esslöffel raffiniertes Pflanzenöl

½ Teelöffel Kreuzkümmel

1 große Zwiebel, fein gehackt

3 mittelgroße Tomaten, gehackt

1 Teelöffel Ingwerpaste

½ Teelöffel Knoblauchpaste

½ Teelöffel Chilipulver

½ Teelöffel Garam Masala

120 ml frische frische Sahne

Methode

- Das Urad Dhal und die roten Bohnen zusammen über Nacht einweichen. Abgießen und zusammen in einem Topf mit Wasser und Salz 1 Stunde bei mittlerer Hitze kochen. Regal.
- Das Öl in einem Topf erhitzen. Fügen Sie die Kümmelsamen hinzu. Lassen Sie sie 15 Sekunden lang abtropfen.
- Die Zwiebel hinzugeben und bei mittlerer Hitze anbraten, bis sie gebräunt ist.
- Fügen Sie die Tomaten hinzu. Gut mischen. Fügen Sie die Ingwerpaste und die Knoblauchpaste hinzu. 5 Minuten braten.
- Fügen Sie das gekochte Dhal und die Mischung aus Bohnen, Chilipulver und Garam Masala hinzu. Gut mischen.
- Fügen Sie die Sahne hinzu. 5 Minuten köcheln lassen, dabei öfter umrühren.
- Heiß mit Naan oder gedämpftem Reis servieren

Milagu Kuzhambu

(Rotes Gramm in Pfeffersauce geknackt)

Serviert 4

Zutaten

2 Teelöffel geklärte Butter

2 Teelöffel Koriandersamen

1 Esslöffel Tamarindenpaste

1 Teelöffel gemahlener schwarzer Pfeffer

¼ Teelöffel Asafoetida

Nach Geschmack salzen

1 Esslöffel Toor Dhal*, gekocht

1 Liter Wasser

¼ Teelöffel Senfkörner

1 grüne Paprika, gehackt

¼ Teelöffel Kurkuma

10 Curryblätter

Methode

- Einige Tropfen Ghee in einem Topf erhitzen. Die Koriandersamen zugeben und bei mittlerer Hitze 2 Minuten anschwitzen. Abkühlen und mahlen.
- Mit der Tamarindenpaste, Pfeffer, Asafoetida, Salz und Dhal in einem großen Topf mischen.
- Fügen Sie das Wasser hinzu. Gut mischen und bei mittlerer Hitze zum Kochen bringen. Regal.
- Restliches Ghee in einem Topf erhitzen. Senfkörner, grüne Chili, Kurkuma und Curryblätter dazugeben. Lassen Sie sie 15 Sekunden lang abtropfen.
- Fügen Sie dies dem Dhal hinzu. Heiß servieren.

Dhal Hariyali

(Bengal-Gramm-Split-Blattgemüse)

Serviert 4

Zutaten

    300g/10oz oder Dhal*

    1,4 Liter/2½ Pint Wasser

    Nach Geschmack salzen

    2 Esslöffel geklärte Butter

    1 Teelöffel Kreuzkümmel

    1 Zwiebel, fein gehackt

    ½ Teelöffel Ingwerpaste

    ½ Teelöffel Knoblauchpaste

    ½ Teelöffel Kurkuma

    50 g Spinat, gehackt

    10 g Bockshornkleeblätter, fein gehackt

    25 g Korianderblätter

Methode

- Das Dhal mit Wasser und Salz in einem Topf 45 Minuten lang kochen, dabei häufig umrühren. Regal.
- Ghee in einem Topf erhitzen. Kreuzkümmel, Zwiebel, Ingwerpaste, Knoblauchpaste und Kurkuma dazugeben. 2 Minuten bei schwacher Hitze unter ständigem Rühren braten.
- Spinat, Bockshornkleeblätter und Korianderblätter dazugeben. Gut mischen und 5-7 Minuten köcheln lassen.
- Heiß mit gedämpftem Reis servieren

Dhalcha

(Bengal-Gramm-Split mit Lamm)

Serviert 4

Zutaten

150 g Chanadhal*

150g/5½oz oder dhal*

2,8 Liter/5 Pints Wasser

Nach Geschmack salzen

2 Esslöffel Tamarindenpaste

2 Esslöffel raffiniertes Pflanzenöl

4 große Zwiebeln, gehackt

5 cm Ingwerwurzel, gerieben

10 Knoblauchzehen, zerstoßen

750 g 10 Unzen Lamm, gehackt

1,4 Liter/2½ Pint Wasser

3-4 Tomaten, gehackt

1 Teelöffel Chilipulver

1 Teelöffel Kurkuma

1 Teelöffel Garam Masala

20 Curryblätter

25 g/1 oz spärliche Korianderblätter, fein gehackt

Methode

- Dhal mit Wasser und Salz 1 Stunde bei mittlerer Hitze kochen. Die Tamarindenpaste dazugeben und gut pürieren. Regal.
- Das Öl in einem Topf erhitzen. Zwiebeln, Ingwer und Knoblauch dazugeben. Bei mittlerer Hitze goldbraun braten. Fügen Sie das Lamm hinzu und rühren Sie ständig um, bis es gebräunt ist.
- Das Wasser hinzugeben und köcheln lassen, bis das Lamm weich ist.
- Tomaten, Chilipulver, Kurkuma und Salz hinzugeben. Gut mischen. Weitere 7 Minuten kochen.
- Dhal, Garam Masala und Curryblätter dazugeben. Gut mischen. 4-5 Minuten köcheln lassen.
- Mit den Korianderblättern garnieren. Heiß servieren.

Tarkari Dhalcha

(Bengal-Gramm-Split mit Gemüse)

Serviert 4

Zutaten

150 g Chanadhal*

150g/5½oz oder dhal*

Nach Geschmack salzen

3 Liter/5¼ Pint Wasser

10 g Minzblätter

10 g Korianderblätter

2 Esslöffel raffiniertes Pflanzenöl

½ Teelöffel Senfkörner

½ Teelöffel Kreuzkümmel

Eine Prise Bockshornkleesamen

Eine Prise Kalonji-Samen*

2 getrocknete rote Chilis

10 Curryblätter

½ Teelöffel Ingwerpaste

½ Teelöffel Knoblauchpaste

½ Teelöffel Kurkuma

1 Teelöffel Chilipulver

1 Teelöffel Tamarindenpaste

500 g 2 Unzen Kürbis, fein gewürfelt

Methode

- Beide Dhals mit dem Salz, 2,5 Liter Wasser und der Hälfte der Minze und dem Koriander in einem Topf bei mittlerer Hitze 1 Stunde kochen. Zu einer dicken Paste zermahlen. Regal.
- Das Öl in einem Topf erhitzen. Senfkörner, Kreuzkümmel, Bockshornklee und Kalonji hinzufügen. Lassen Sie sie 15 Sekunden lang abtropfen.
- Fügen Sie die roten Chilis und Curryblätter hinzu. Bei mittlerer Hitze 15 Sekunden braten.
- Fügen Sie die Dhal-Paste, Ingwer-Paste, Knoblauch-Paste, Kurkuma, Chilipulver und Tamarinden-Paste hinzu. Gut mischen. Bei mittlerer Hitze unter häufigem Rühren 10 Minuten kochen.
- Fügen Sie das restliche Wasser und den Kürbis hinzu. Garen, bis der Kürbis gar ist.
- Restliche Minze und Korianderblätter dazugeben. 3-4 Minuten kochen.
- Heiß servieren.

Dhokar Dhalna

(Cubottini di dhal in Curry gebraten)

Serviert 4

Zutaten

600 g Chana Dhal*, über Nacht einweichen

120ml Wasser

Nach Geschmack salzen

4 Esslöffel raffiniertes Pflanzenöl plus extra zum Braten

3 grüne Chilis, gehackt

½ Teelöffel Asafoetida

2 große Zwiebeln, fein gehackt

1 Lorbeerblatt

1 Teelöffel Ingwerpaste

1 Teelöffel Knoblauchpaste

1 Teelöffel Chilipulver

¾ Teelöffel Kurkuma

1 Teelöffel Garam Masala

1 EL Korianderblätter, fein gehackt

Methode

- Mahlen Sie das Dhal mit Wasser und etwas Salz zu einer dicken Paste. Regal.
- 1 EL Öl in einem Topf erhitzen. Fügen Sie die grünen Chilis und Asafoetida hinzu. Lassen Sie sie 15 Sekunden lang abtropfen. Mischen Sie die Dhal-Paste und etwas mehr Salz unter. Gut mischen.
- Verteilen Sie diese Mischung auf einem Tablett, um sie abkühlen zu lassen. In 2,5 cm große Stücke schneiden.
- Öl zum Braten in einem Topf erhitzen. Braten Sie die Stücke, bis sie goldbraun sind. Regal.
- 2 EL Öl in einem Topf erhitzen. Die Zwiebeln goldbraun braten. Hacken Sie sie zu einer Paste und legen Sie sie beiseite.
- Das restliche 1 EL Öl in einem Topf erhitzen. Lorbeerblatt, gebratene Dhal-Stücke, gebratene Zwiebelpaste, Ingwerpaste, Knoblauchpaste, Chilipulver, Kurkuma und Garam Masala hinzufügen. Fügen Sie genug Wasser hinzu, um die Dhal-Stücke zu bedecken. Gut mischen und 7-8 Minuten köcheln lassen.
- Mit den Korianderblättern garnieren. Heiß servieren.

Waran

(Gram Dhal Red geteilte Ebene)

Serviert 4

Zutaten

- 300g/10oz oder Dhal*
- 2,4 Liter/4 Pints Wasser
- ¼ Teelöffel Asafoetida
- ½ Teelöffel Kurkuma
- Nach Geschmack salzen

Methode

- Alle Zutaten in einem Topf bei mittlerer Hitze etwa 1 Stunde kochen.
- Heiß mit gedämpftem Reis servieren

Süßes Dal

(Süßes geknacktes rotes Gramm)

Für 4-6 Personen

Zutaten

300g/10oz oder Dhal*

2,5 Liter/4 Pints Wasser

Nach Geschmack salzen

¼ Teelöffel Kurkuma

Eine große Prise Asafoetida

½ Teelöffel Chilipulver

5cm/2in Stück Jaggery*

2 Esslöffel raffiniertes Pflanzenöl

¼ Teelöffel Kreuzkümmel

¼ Teelöffel Senfkörner

2 getrocknete rote Chilis

1 EL Korianderblätter, fein gehackt

Methode

- Toor Dhal waschen und mit Wasser und Salz in einem Topf bei schwacher Hitze 1 Stunde kochen.
- Fügen Sie Kurkuma, Asafoetida, Chilipulver und Jaggery hinzu. 5 Minuten kochen. Gründlich mischen. Regal.
- In einem kleinen Topf das Öl erhitzen. Kreuzkümmel, Senfkörner und getrocknete rote Chilis hinzufügen. Lassen Sie sie 15 Sekunden lang abtropfen.
- Gießen Sie dies in das Dhal und mischen Sie es gut.
- Mit den Korianderblättern garnieren. Heiß servieren.

Süß-saurer Dhal

(Bittersüßes gebrochenes rotes Gramm)

Für 4-6 Personen

Zutaten

300g/10oz oder Dhal*

2,4 Liter/4 Pints Wasser

Nach Geschmack salzen

¼ Teelöffel Kurkuma

¼ Teelöffel Asafoetida

1 Teelöffel Tamarindenpaste

1 Teelöffel Zucker

2 Esslöffel raffiniertes Pflanzenöl

½ Teelöffel Senfkörner

2 grüne Chilis

8 Curryblätter

1 EL Korianderblätter, fein gehackt

Methode

- Das Toor Dhal in einem Topf mit Wasser und Salz bei mittlerer Hitze 1 Stunde kochen.
- Fügen Sie Kurkuma, Asafoetida, Tamarindenpaste und Zucker hinzu. 5 Minuten kochen. Regal.
- In einem kleinen Topf das Öl erhitzen. Senfkörner, grüne Chilischoten und Curryblätter dazugeben. Lassen Sie sie 15 Sekunden lang abtropfen.
- Gießen Sie dieses Gewürz in das Dhal.
- Mit den Korianderblättern garnieren.
- Heiß mit gedämpftem Reis oder Chapatis servieren

Mung-ni-Dhal

(geteiltes grünes Gramm)

Serviert 4

Zutaten

300 g Mung-Dhal*

1,9 Liter/3½ Pint Wasser

Nach Geschmack salzen

¼ Teelöffel Kurkuma

½ Teelöffel Ingwerpaste

1 grüne Chili, fein gehackt

¼ Teelöffel Zucker

1 Esslöffel geklärte Butter

½ Teelöffel Sesam

1 kleine Zwiebel, gehackt

1 Knoblauchzehe, gehackt

Methode

- Das Mung Dhal mit Wasser und Salz in einem Topf bei mittlerer Hitze 30 Minuten kochen.
- Fügen Sie Kurkuma, Ingwerpaste, grüne Chili und Zucker hinzu. Gut mischen.
- Fügen Sie 120 ml Wasser hinzu, wenn das Dhal trocken ist. 2-3 Minuten garen und beiseite stellen.
- Ghee in einem kleinen Topf erhitzen. Sesam, Zwiebel und Knoblauch dazugeben. 1 Minute unter ständigem Rühren braten.
- Fügen Sie dies dem Dhal hinzu. Heiß servieren.

Dhal mit Zwiebel und Kokosnuss

(Rotes Gramm mit Zwiebeln und Kokosnuss geknackt)

Für 4-6 Personen

Zutaten

300g/10oz oder Dhal*

2,8 Liter/5 Pints Wasser

2 grüne Chilis, gehackt

1 kleine Zwiebel, gehackt

Nach Geschmack salzen

¼ Teelöffel Kurkuma

1½ Teelöffel Pflanzenöl

½ Teelöffel Senfkörner

1 EL Korianderblätter, fein gehackt

50 g frische Kokosnuss, gerieben

Methode

- Kochen Sie das Toor Dhal mit Wasser, grünen Chilischoten, Zwiebeln, Salz und Kurkuma in einem Topf bei mittlerer Hitze für 1 Stunde. Regal.
- Das Öl in einem Topf erhitzen. Die Senfkörner hinzufügen. Lassen Sie sie 15 Sekunden lang abtropfen.
- Gießen Sie dies in das Dhal und mischen Sie es gut.
- Mit Korianderblättern und Kokos garnieren. Heiß servieren.

Dahi Kadi

(Joghurt-Curry)

Serviert 4

Zutaten

1 Esslöffel Bohnen*

250 g Joghurt

750ml Wasser

2 Teelöffel Zucker

Nach Geschmack salzen

½ Teelöffel Ingwerpaste

1 Esslöffel raffiniertes Pflanzenöl

¼ Teelöffel Senfkörner

¼ Teelöffel Kreuzkümmel

¼ Teelöffel Bockshornkleesamen

8 Curryblätter

10 g Korianderblätter, fein gehackt

Methode

- Besan mit Joghurt, Wasser, Zucker, Salz und Ingwerpaste in einem großen Topf verrühren. Gut mischen, damit sich keine Klumpen bilden.
- Kochen Sie die Mischung bei mittlerer Hitze, bis sie zu verdicken beginnt, und rühren Sie häufig um. Aufkochen. Regal.
- Das Öl in einem Topf erhitzen. Senfkörner, Kreuzkümmel, Bockshornkleesamen und Curryblätter dazugeben. Lassen Sie sie 15 Sekunden lang abtropfen.
- Gießen Sie dieses Öl über die Bohnenmischung.
- Mit den Korianderblättern garnieren. Heiß servieren.

Spinat-Dhal

(Spinat mit gebrochenem grünen Gramm)

Serviert 4

Zutaten

300 g Mung-Dhal*

1,9 Liter/3½ Pint Wasser

Nach Geschmack salzen

1 große Zwiebel, gehackt

6 Knoblauchzehen, gehackt

¼ Teelöffel Kurkuma

100 g Spinat, gehackt

½ Teelöffel Amchor*

Eine Prise Garam Masala

½ Teelöffel Ingwerpaste

1 Esslöffel raffiniertes Pflanzenöl

1 Teelöffel Kreuzkümmel

2 Esslöffel Korianderblätter, fein gehackt

Methode

- Dhal mit Wasser und Salz in einem Topf bei mittlerer Hitze 30-40 Minuten kochen.
- Fügen Sie die Zwiebel und den Knoblauch hinzu. 7 Minuten kochen.
- Fügen Sie Kurkuma, Spinat, Amchoor, Garam Masala und Ingwerpaste hinzu. Gründlich mischen.
- Köcheln lassen, bis das Dhal weich ist und alle Gewürze aufgenommen wurden. Regal.
- Das Öl in einem Topf erhitzen. Fügen Sie die Kümmelsamen hinzu. Lassen Sie sie 15 Sekunden lang abtropfen.
- Gießen Sie dies über das Dhal.
- Mit den Korianderblättern garnieren. Heiß servieren

Nehmer Dhal

(Saure rote Spaltlinsen mit unreifer Mango)

Serviert 4

Zutaten

300g/10oz oder Dhal*

2,4 Liter/4 Pints Wasser

1 unreife Mango, entkernt und geviertelt

½ Teelöffel Kurkuma

4 grüne Chilis

Nach Geschmack salzen

2 Teelöffel Senföl

½ Teelöffel Senfkörner

1 EL Korianderblätter, fein gehackt

Methode

- Kochen Sie das Dhal mit Wasser, Mangostücken, Kurkuma, grünen Chilischoten und Salz eine Stunde lang. Regal.
- Das Öl in einem Topf erhitzen und die Senfkörner hinzugeben. Lassen Sie sie 15 Sekunden lang abtropfen.
- Fügen Sie dies dem Dhal hinzu. Kochen.
- Mit den Korianderblättern garnieren. Heiß mit gedämpftem Reis servieren

Einfaches Dhal

(Split Red Gram mit Tomate)

Serviert 4

Zutaten

300g/10oz oder Dhal*

1,2 Liter/2 Pints Wasser

Nach Geschmack salzen

¼ Teelöffel Kurkuma

½ Esslöffel raffiniertes Pflanzenöl

¼ Teelöffel Kreuzkümmel

2 grüne Chilis, längs aufgeschnitten

1 mittelgroße Tomate, fein gehackt

1 EL Korianderblätter, fein gehackt

Methode

- Kochen Sie das Toor Dhal mit dem Wasser und dem Salz in einem Topf für 1 Stunde bei mittlerer Hitze.
- Kurkuma dazugeben und gut vermischen.
- Wenn das Dhal zu dick ist, fügen Sie 120 ml Wasser hinzu. Gut mischen und beiseite stellen.
- Das Öl in einem Topf erhitzen. Fügen Sie die Kreuzkümmelsamen hinzu und lassen Sie sie 15 Sekunden brutzeln. Fügen Sie die grünen Chilis und Tomaten hinzu. 2 Minuten braten.
- Fügen Sie dies dem Dhal hinzu. Rühren und 3 Minuten köcheln lassen.
- Mit den Korianderblättern garnieren. Heiß mit gedämpftem Reis servieren

Maa-ki-Dhal

(Rich Black Gram)

Serviert 4

Zutaten

240 g Kaali-Dhal*

125 g rote Bohnen

2,8 Liter/5 Pints Wasser

Nach Geschmack salzen

3,5 cm Ingwerwurzel, in Julienne-Streifen geschnitten

1 Teelöffel Chilipulver

3 Tomaten, püriert

1 Esslöffel Butter

2 Esslöffel raffiniertes Pflanzenöl

1 Teelöffel Kreuzkümmel

2 Esslöffel Sahne

Methode

- Dhal und Bohnen zusammen über Nacht einweichen.
- Mit Wasser, Salz und Ingwer in einem Topf 40 Minuten bei mittlerer Hitze kochen.
- Chilipulver, Tomatenpüree und Butter hinzugeben. 8-10 Minuten kochen. Regal.
- Das Öl in einem Topf erhitzen. Fügen Sie die Kümmelsamen hinzu. Lassen Sie sie 15 Sekunden lang abtropfen.
- Fügen Sie dies dem Dhal hinzu. Gut mischen.
- Fügen Sie die Sahne hinzu. Heiß mit gedämpftem Reis servieren

Dhansak

(Würziger Parsi Split Gram Red)

Serviert 4

Zutaten

- 3 Esslöffel raffiniertes Pflanzenöl
- 1 große Zwiebel, fein gehackt
- 2 große Tomaten, gehackt
- ½ Teelöffel Kurkuma
- ½ Teelöffel Chilipulver
- 1 EL Dhansak-Masala*
- 1 Esslöffel Malzessig
- Nach Geschmack salzen

Für die Dhal-Mischung:

- 150g/5½oz oder dhal*
- 75 g Mung Dhal*
- 75 g Masoor Dhal*
- 1 kleine Aubergine, in Viertel geschnitten
- Ein 3-Zoll-Stück Kürbis, in Viertel geschnitten
- 1 Esslöffel frische Bockshornkleeblätter

1,4 Liter/2½ Pint Wasser

Nach Geschmack salzen

Methode

- Die Zutaten für die Dhal-Mischung zusammen in einem Topf bei mittlerer Hitze 45 Minuten kochen. Regal.
- Das Öl in einem Topf erhitzen. Zwiebeln und Tomaten bei mittlerer Hitze 2-3 Minuten anbraten.
- Fügen Sie die Dhal-Mischung und alle anderen Zutaten hinzu. Gut mischen und bei mittlerer Hitze 5-7 Minuten kochen. Heiß servieren.

Masur Dhal

Serviert 4

Zutaten

300 g Masoor Dhal*

Nach Geschmack salzen

Eine Prise Kurkuma

1,2 Liter/2 Pints Wasser

2 Esslöffel raffiniertes Pflanzenöl

6 Knoblauchzehen, zerdrückt

1 Teelöffel Zitronensaft

Methode

- Dhal, Salz, Kurkuma und Wasser in einem Topf bei mittlerer Hitze 45 Minuten kochen. Regal.
- Das Öl in einer Pfanne erhitzen und den Knoblauch goldbraun braten. Zum Dhal geben und mit Zitronensaft beträufeln. Gut mischen. Heiß servieren.

Panchemel Dhal

(Mischung aus fünf Linsen)

Serviert 4

Zutaten

75 g Mung Dhal*

1 Esslöffel Chana Dhal*

1 Esslöffel Masoor Dhal*

1 Esslöffel Toor Dhal*

1 Esslöffel Urad Dhal*

750ml Wasser

½ Teelöffel Kurkuma

Nach Geschmack salzen

1 Esslöffel geklärte Butter

1 Teelöffel Kreuzkümmel

Eine Prise Asafoetida

½ Teelöffel Garam Masala

1 Teelöffel Ingwerpaste

Methode

- Dhals mit Wasser, Kurkuma und Salz in einem Topf 1 Stunde bei mittlerer Hitze kochen. Gut mischen. Regal.
- Ghee in einem Topf erhitzen. Braten Sie die anderen Zutaten für 1 Minute.
- Fügen Sie dies dem Dhal hinzu, mischen Sie es gut und lassen Sie es 3-4 Minuten köcheln. Heiß servieren.

Cholar Dhal

(Bengalisches Gramm geteilt)

Serviert 4

Zutaten

600 g Chana Dhal*

2,4 Liter/5 Pints Wasser

Nach Geschmack salzen

3 Esslöffel geklärte Butter

½ Teelöffel Kreuzkümmel

½ Teelöffel Kurkuma

2 Teelöffel Zucker

3 Nelken

2 Lorbeerblätter

2,5 cm/1 Zoll Zimt

2 grüne Kardamomkapseln

15 g Kokosnuss, gehackt und frittiert

Methode

- Dhal mit Wasser und Salz in einem Topf bei mittlerer Hitze 1 Stunde kochen. Regal.
- 2 Esslöffel Ghee in einem Topf erhitzen. Alle Zutaten außer Kokosnuss hinzugeben. Lassen Sie sie 20 Sekunden lang abtropfen. Fügen Sie das gekochte Dhal hinzu und kochen Sie es, indem Sie es 5 Minuten lang gut umrühren. Fügen Sie die Kokosnuss und 1 Esslöffel Ghee hinzu. Heiß servieren.

Dilpa und Dal

(Spezielle Linsen)

Serviert 4

Zutaten

60 g Uradbohnen*

2 Esslöffel rote Bohnen

2 Esslöffel Kichererbsen

2 Liter/3½ Pints Wasser

¼ Teelöffel Kurkuma

2 Esslöffel geklärte Butter

2 Tomaten, blanchiert und püriert

2 Teelöffel gemahlener Kreuzkümmel, trocken geröstet

125 g Joghurt, geschlagen

120 ml Einzelcreme

Nach Geschmack salzen

Methode

- Bohnen, Kichererbsen und Wasser mischen. 4 Stunden in einem Topf einweichen. Kurkuma dazugeben und 45 Minuten bei mittlerer Hitze garen. Regal.
- Ghee in einem Topf erhitzen. Alle anderen Zutaten hinzufügen und bei mittlerer Hitze kochen, bis sich das Ghee trennt.
- Die Bohnen-Kichererbsen-Mischung dazugeben. Kochen. Heiß servieren.

Dhal Masur

(rote Spaltlinsen)

Serviert 4

Zutaten

- 1 Esslöffel geklärte Butter
- 1 Teelöffel Kreuzkümmel
- 1 kleine Zwiebel, fein gehackt
- 2,5 cm Ingwerwurzel, fein gehackt
- 6 Knoblauchzehen, fein gehackt
- 4 grüne Chilis, längs aufgeschnitten
- 1 Tomate, geschält und püriert
- ½ Teelöffel Kurkuma
- 300 g Masoor Dhal*
- 1,5 Liter/2¾ Pint Wasser
- Nach Geschmack salzen
- 2 Esslöffel Korianderblätter

Methode

- Ghee in einem Topf erhitzen. Kreuzkümmel, Zwiebel, Ingwer, Knoblauch, Chilischoten, Tomate und Kurkuma hinzugeben. 5 Minuten braten, dabei oft umrühren.
- Dhal, Wasser und Salz hinzufügen. 45 Minuten kochen. Mit den Korianderblättern garnieren. Heiß mit gedämpftem Reis servieren

Dhal mit Auberginen

(Linsen mit Auberginen)

Serviert 4

Zutaten

300g/10oz oder Dhal*

1,5 Liter/2¾ Pint Wasser

Nach Geschmack salzen

1 Esslöffel raffiniertes Pflanzenöl

50 g gewürfelte Auberginen

2,5 cm/1 Zoll Zimt

2 grüne Kardamomkapseln

2 Nelken

1 große Zwiebel, fein gehackt

2 große Tomaten, fein gehackt

½ Teelöffel Ingwerpaste

½ Teelöffel Knoblauchpaste

1 Teelöffel gemahlener Koriander

½ Teelöffel Kurkuma

10 g Korianderblätter zum Garnieren

Methode

- Das Dhal mit Wasser und Salz in einem Topf 45 Minuten bei mittlerer Hitze kochen. Regal.
- Das Öl in einem Topf erhitzen. Alle anderen Zutaten außer Korianderblätter dazugeben. 2-3 Minuten unter ständigem Rühren braten.
- Die Mischung zum Dhal geben. 5 Minuten köcheln lassen. Garnieren und servieren.

Dhal Tadka gelb

Serviert 4

Zutaten

300 g Mung-Dhal*

1 Liter Wasser

¼ Teelöffel Kurkuma

Nach Geschmack salzen

3 Teelöffel geklärte Butter

½ Teelöffel Senfkörner

½ Teelöffel Kreuzkümmel

½ Teelöffel Bockshornkleesamen

2,5 cm Ingwerwurzel, fein gehackt

4 Knoblauchzehen, fein gehackt

3 grüne Chilis, längs aufgeschnitten

8 Curryblätter

Methode

- Dhal mit Wasser, Kurkuma und Salz in einem Topf 45 Minuten bei mittlerer Hitze kochen. Regal.
- Ghee in einem Topf erhitzen. Alle anderen Zutaten hinzufügen. Braten Sie sie 1 Minute lang und gießen Sie sie über das Dhal. Gut mischen und heiß servieren.

Rasam

(Würzige Tamarindensuppe)

Serviert 4

Zutaten

2 Esslöffel Tamarindenpaste

750ml Wasser

8-10 Curryblätter

2 Esslöffel gehackte Korianderblätter

Eine Prise Asafoetida

Nach Geschmack salzen

2 Teelöffel geklärte Butter

½ Teelöffel Senfkörner

Für die Gewürzmischung:

2 Teelöffel Koriandersamen

2 EL Toor Dhal*

1 Teelöffel Kreuzkümmel

4-5 Pfefferkörner

1 getrocknete rote Paprika

Methode

- Trocken rösten und die Zutaten der Gewürzmischung mahlen.
- Die Gewürzmischung mit allen Zutaten außer dem Ghee und den Senfkörnern mischen. 7 Minuten bei mittlerer Hitze in einem Topf garen.
- Das Ghee in einem anderen Topf erhitzen. Fügen Sie die Senfkörner hinzu und lassen Sie sie 15 Sekunden lang sprudeln. Gießen Sie es direkt in das Rasam. Heiß servieren.

Einfaches Mung Dhal

Serviert 4

Zutaten

300 g Mung-Dhal*

1 Liter Wasser

Eine Prise Kurkuma

Nach Geschmack salzen

2 Esslöffel raffiniertes Pflanzenöl

1 große Zwiebel, fein gehackt

3 grüne Chilischoten, fein gehackt

2,5 cm Ingwerwurzel, fein gehackt

5 Curryblätter

2 Tomaten, fein gehackt

Methode

- Dhal mit Wasser, Kurkuma und Salz in einem Topf 30 Minuten bei mittlerer Hitze kochen. Regal.
- Das Öl in einem Topf erhitzen. Alle anderen Zutaten hinzufügen. 3-4 Minuten braten. Fügen Sie dies dem Dhal hinzu. Kochen. Heiß servieren.

www.ingramcontent.com/pod-product-compliance
Lightning Source LLC
Chambersburg PA
CBHW071424080526
44587CB00014B/1741